ZIG ZIGLAR

ALLE ZIELE ERREICHEN

REDLINE | VERLAG

ZIG ZIGLAR

ALLE ZIELE ERREICHEN

Wie man in neun Schritten
alle Vorhaben erfolgreich umsetzt

Übersetzung aus dem Englischen von Philipp Seedorf

Bibliografische Information der Deutschen Nationalbibliothek
Die Deutsche Nationalbibliothek verzeichnet diese Publikation in der Deutschen Nationalbibliografie. Detaillierte bibliografische Daten sind im Internet über https://dnb.de abrufbar.

Für Fragen und Anregungen
info@redline-verlag.de

Übersetzung: Philipp Seedorf
Redaktion: Ulrich Wank
Umschlaggestaltung: Marc-Torben Fischer
Umschlagabbildung: Paladin12, Tartila/Shutterstock
Satz: Carsten Klein, Torgau
Druck: CPI books GmbH, Leck
Printed in the EU

ISBN Print 978-3-86881-912-0
ISBN E-Book (PDF) 978-3-96267-468-7
ISBN E-Book (EPUB, Mobi) 978-3-96267-469-4

Wir produzieren nachhaltig
www.m-vg.de

INHALT

EINLEITUNG

Zig Ziglar hat stets so vehement wie kaum ein anderer dafür plädiert, sich Ziele zu setzen und diese auch zu erreichen. Finanzieller oder beruflicher Erfolg, so seine Überzeugung, kann oft kurzlebig sein. Häufig hinterlässt er bei den Menschen das Gefühl, unbefriedigt zu sein. Sie erreichen Ziele im Leben und stellen dann fest, dass sie viele der Dinge besitzen, die man sich für Geld kaufen kann – aber, dass ihnen die wichtigen Aspekte im Leben fehlen, die man mit Geld nicht kaufen kann.

Sie haben wichtige Ziele zu erreichen. Vielleicht ein persönliches Ziel, das Ihre gegenwärtige Beziehung betrifft. Sie haben sich vielleicht ein finanzielles oder berufliches Ziel gesetzt und wollen die nächste Sprosse der Karriereleiter erreichen. Sie wissen außerdem, dass spezifische Handlungsschritte und ein konkreter Plan nötig sind, um sich diese Ziele zu setzen und sie zu erreichen.

Also wieso setzen sich nicht mehr Menschen Ziele?

Viele sind darauf konditioniert worden, dass es nichts bringt, sich Ziele zu setzen, denn ihnen wird ohnehin nichts Gutes im Leben widerfahren. Man hat ihnen gesagt, sie sollten nichts Besonderes vom Leben erwarten. Sie haben negativen Input erhalten, der zu negativem Output führt.

Machen Sie sich bereit!

Sie werden in diesem Buch eine Menge positiven Input erhalten, der sich auf Erfolgsgeschichten aus dem echten Leben bezieht – und überzeugende Belege dafür erhalten, dass es funktioniert, sich im

Leben Ziele zu setzen! Dieses Buch enthält Schritt-für-Schritt-Anleitungen, die Ihnen zeigen, wie Sie sich jedes Ziel im Leben setzen und es erreichen können.

Jemand hat einmal gesagt, dass Versagen die absolut letzte Option ist. Erfolg tritt dann ein, wenn Vorbereitung auf eine Gelegenheit trifft. Ich glaubte, das trifft zu. Sie können endlich die Früchte ernten, Ihre Träume leben und sich Ihre Wünsche erfüllen. Ziele zu setzen, funktioniert. Wenn Sie bei Zig Ziglar in die Lehre gehen, können Sie gar nicht anders, als jedes Ziel zu erreichen, das Sie sich setzen.

Sie werden lernen:

- Wie man »bedeutungsvoll besonders« wird, statt »wandelnder Durchschnitt« zu bleiben.
- Dass man etwas erreicht, wenn man sich bemüht.
- Die vier grundlegenden Ursachen, wieso Menschen ihre Ziele nicht erreichen.
- Dass Sie dafür geschaffen wurden, etwas zu erreichen, auf den Erfolg ausgelegt sind und den Samen wahrer Größe in sich tragen.
- Den Unterschied zwischen Aktivität und Leistung.
- Wie man das Meiste aus dem Leben herausholt.

Erfolg ist die Zeit und den Aufwand wert, aber er ist nicht genug, um ein Leben lang an der Spitze zu bleiben. Nach dem Erfolg besteht der nächste Schritt darin, bedeutend zu werden. Ziele werden Sie dazu bringen, Ihr Bestes zu geben, und anzuerkennen sowie weiterzuentwickeln, worüber Sie bereits verfügen und was Sie können und tun werden.

Ob Sie das erste Mal etwas von Zig Ziglar hören oder ihm schon Jahre folgen – dieses Buch wird Ihr Leben verändern.

Das Ziel ins Auge fassen

Bevor Sie Kapitel 1 lesen, sollten Sie sich ein paar Minuten Zeit nehmen, um sich gründlich zu überlegen, wieso Sie tatsächlich dieses Buch lesen. Schreiben Sie fünf Gründe auf, wieso Sie ein Buch darüber lesen, wie man sich Ziele steckt.

1. ______________________________

2. ______________________________

3. ______________________________

4. ______________________________

5. ______________________________

Welcher Bereich Ihres Lebens würde in diesem Moment am meisten davon profitieren, wenn Sie sich Ziele setzten und Schritte unternähmen, diese Ziele zu erreichen? Karriere? Beziehungen? Finanzen? Familie? Der spirituelle, eheliche oder Bildungsbereich? Andere? Schreiben Sie ein paar Sätze auf, wieso Ihnen dieser Bereich Ihres Lebens so wichtig ist.

____

____

____

____

In der Einleitung hieß es: »Dieses Buch enthält Schritt-für-Schritt-Anleitungen, die Ihnen zeigen, wie Sie sich jedes Ziel im Leben setzen und es erreichen können.« Bevor Sie mit dem Lesen beginnen – sind Sie begeistert über diese Aussage, skeptisch oder bereit, sie zu belegen oder zu widerlegen? Skizzieren Sie kurz Ihre Gedanken auf den folgenden Zeilen – lesen Sie diese Seite erneut, wenn Sie das Buch gelesen haben und vergleichen Sie, was Sie hier aufgeschrieben haben, mit dem, was Sie später denken.

KAPITEL 1

DAS LEBEN IST WIE EIN SELBSTBEDIENUNGS-RESTAURANT

(Vier Gründe, wieso sich die Menschen keine Ziele setzen)

Vor einigen Jahren wurde hier in Dallas ein neues Selbstbedienungsrestaurant eröffnet. Ich esse gerne in solchen Restaurants, denn ich kann mir genau aussuchen, was ich will, und es vorher ansehen. Also war ich begeistert, denn es gab einen neuen Ort, an den wir zum Essen gehen konnten. Jedes Mal, wenn meine Frau und ich daran vorbeikamen, reichte die Schlange der Kunden bis auf die Straße. Endlich kam der glorreiche Tag, an dem es keine Schlange gab.

Als wir hineingingen, wurde uns klar, warum draußen vor der Tür keine Schlange war – die Menschen standen nun in einer langen Schlange in mehreren Windungen durch den ganzen Laden. Wir hatten den Wagen schon geparkt, also beschlossen wir, zu bleiben. Während wir uns langsam vorwärtsbewegten, unterhielten wir uns. Wir erreichten das Ende der ersten Reihe von Menschen, kamen um eine Ecke und da war eine weitere Schlange von etwa dreißig Menschen vor uns. Langsam ging es weiter und als wir um eine weitere Ecke kamen, war da die nächste Schlange von etwa dreißig Leuten.

Aber dieses Mal konnte ich schon sehen, welche Speisen die Kunden auswählten und ich machte mir im Geist Notizen darüber, was lecker aussah. *Davon nehme ich mir auch gleich was*, dachte ich. Es ist wichtig, dass man diese Entscheidungen trifft, denn egal, wie gewaltig der eigene Appetit ist, niemand kann alles in einem großen Selbstbedienungsrestaurant ausprobieren. Also traf ich eine Vorauswahl.

Schließlich war ich an der Reihe, mir ein Tablett und Besteck zu nehmen. Als ich mich den Speisen näherte, hatte ich schon meine Auswahl getroffen, also verschwendete ich keine Zeit. Ich bat um eine Portion davon und »könnten Sie mir etwas von dem da geben und ein bisschen von dem da drüben, bitte«. Am Ende des Tresens griff ich in die Tasche und holte das Geld heraus. Die Dame hielt abwehrend die Hand hoch und sagte: »Nein, Sie müssen erst zahlen, wenn Sie gehen wollen. Ich meinte: »Sie wollen mir also sagen, dass ich all diese Speisen verzehren kann und nicht dafür bezahlen muss, bis ich gehen will?« Sie antwortete: »Ja, so machen wir das hier.«

Zuerst strengen Sie sich an, dann ernten Sie den Lohn.

Ich kann Ihnen gar nicht sagen, wie oft ich schon daran zurückgedacht habe, denn im Grunde ist es eine gute Beschreibung des Lebens. Die Schlange im Selbstbedienungsrestaurant ist wie das Leben. Wir haben eine Reihe an Optionen – Orte, an denen wir leben können; Dinge, die wir tun können; Speisen, die wir essen können; Berufe, die wir ausprobieren können. Wir haben eine gewaltige Zahl an Optionen.

Das Selbstbedienungsrestaurant bietet viele Möglichkeiten und im Leben ist es genau so – nur andersherum. Als wir dieses neue Restaurant ausprobierten, aßen wir und dann bezahlten wir. Aber im Spiel des Lebens bezahlt man erst und dann isst man. Sie gehen zum Beispiel zur Schule, lernen die Lektionen, erreichen das Klassenziel und kommen in die nächste Klasse, bis Sie Ihren Abschluss machen. Wenn Sie eine Hochschule besuchen, lernen Sie erneut Ihre Lektionen und erhalten einen ersten Abschluss. Dann machen Sie vielleicht noch einen Master. Und schließlich, wenn all diese Ausbildung beendet ist, suchen Sie sich eine Stelle in Ihrem Beruf, arbeiten eine Woche, einen Monat oder wie lange auch immer. Erst dann, nachdem Sie all das getan haben, sind Sie qualifiziert dafür, den Lohn zu erhalten, den Sie sich verdient haben.

Sie müssen sich Ziele setzen!

Landwirte bearbeiten den Boden und säen die Samen aus. Dann düngen sie und hegen die Saat, töten Schädlinge und wässern den Boden, wenn es nicht genug regnet. Schließlich kommt der Tag, an dem der Bauer auf die Felder geht und die Ernte einbringt, sie zum Markt trägt und verkauft.

So ist das Leben – zuerst leistet man die Arbeit, dann erhält man den Lohn dafür. Sie müssen sich Ziele im Leben setzen. Es ist entscheidend, dass Sie »bedeutungsvoll besonders« werden und kein »wandelnder Durchschnitt«.

Persönliches Wachstum

Wenn wir im Folgenden einen Blick auf diesen Abschnitt über das persönliche Wachstum werfen, werden wir darüber diskutieren, *wieso* man Ziele im Leben haben muss. Die meisten Menschen denken ähnlich wie die Frau, die ihren Mann in die Stadt schickte, um Schinken zu kaufen. Als er nach Hause zurückkam, sagte sie: »Schatz, du hast gar nicht die Kruste am Ende abschneiden lassen.«

»Du hast es mir nicht gesagt.«

»Nun, ich dachte, du weißt, dass wir immer das Ende abschneiden lassen.«

»Wieso denn?«

»Na ja, meine Mutter hat immer den Schinken so geschnitten.«

»Fragen wir sie mal. Mama, wieso hast du das Ende vom Schinken abgeschnitten?«, fragte der Ehemann seine Schwiegermutter.

»Ich ließ immer das Ende abschneiden, weil es meine Mutter immer so gemacht hat.«

Jetzt war das Ehepaar neugierig geworden, also riefen sie die Großmutter an und fragten: »Oma, wieso hast du immer das Ende vom Schinken abgeschnitten?«

»Weil meine Bratenform zu klein war und kein ganzer Schinken reinpasste«, sagte sie.

Oma hatte also einen Grund gehabt, das Ende vom Schinken abzuschneiden. Aber die Frage ist – hat das Ehepaar denselben Grund gehabt? Wenn Sie nicht wissen, wieso Sie etwas tun, sollten Sie es besser herausfinden – früher oder später.

Gründe, die Zielen im Wege stehen

Unglücklicherweise haben 97 Prozent der Menschen in unserer heutigen Gesellschaft keine klar definierten, schriftlich festgehaltenen Ziele für ihr Leben. Es gibt vier grundlegende Ursachen, wieso die Menschen keine Ziele haben – FEAR (das erkläre ich gleich), ein geringes Selbstwertgefühl, keine überzeugende Motivation, oder sie wissen nicht, wie. Sehen wir uns die einzelnen Gründe genauer an.

> ☑ **Mehr als 90 Prozent des Inputs, den unser Gehirn jeden Tag erhält, ist negativ.**

1. Angst

Der erste Grund ist FEAR – eine Abkürzung für »False Evidence Appearing Real«, also weil wir etwas aus falschen Gründen für real halten. Ein 18-Jähriger hat durchschnittlich 148.000 Mal in seinem Leben das Wort »Nein« gehört oder die Aussage: »Das kannst du nicht.« Leider sind 77 Prozent, der Dinge, die wir zu uns selbst sagen, negativ. J. Allan Petersen hat in seinem Buch, *The Myth of the Greener Grass,* darauf hingewiesen, dass eine wissenschaftliche Studie zum Schluss kam, mehr als 90 Prozent dessen, was wir unserem Geist täglich zuführen, ist seiner Natur nach negativ. Daher setzen sich viele Menschen einfach aufgrund falscher Auffassungen keine Ziele.

Weil sie dem Glauben schenken, was sie sich selbst einreden, handeln sie entsprechend. Wenn es ihnen im praktischen Sinn real *erscheint,* hat es die gleichen Auswirkungen, als sei es real. Ich könnte zum Beispiel in nahezu jeder Stadt auf der Welt mit nichts als einem Taschentuch in der Hand in eine Bank gehen und sie ausrauben. Ich muss mir nur das Taschentuch über den Mund binden, meinen Finger in die Manteltasche stecken, auf den Schalterangestellten richten und sagen: »Geben Sie mir alles Bargeld aus der Kasse.« Das würde real erscheinen und der Schalterangestellte würde meine Forderungen erfüllen, als hätte ich eine echte Waffe in der Hand, und ich würde mit dem Geld in der Hand wieder hinausgehen. Man würde mich vielleicht auf dem Weg nach draußen erschießen, aber wenigstens hätte mir der Bankangestellte das Geld gegeben.

Vor vielen Jahren hat ein junger Kubaner ein Flugzeug nach Kuba entführt und dafür nicht mehr als ein Stück Seife verwendet. Er hat das Seifenstück in eine Kiste gesteckt und dem Flugkapitän gesagt: »Das ist eine Bombe. Fliegen Sie nach Kuba.« Sie flogen nach Kuba. Die Gründe waren vorgetäuscht, aber schienen real.

FEAR hält viele Menschen davon ab, sich Ziele zu setzen.

2. Geringes Selbstwertgefühl

Der zweite Grund, der viele Menschen davon abhält, sich Ziele zu setzen, ist ihr geringes Selbstwertgefühl. Sie können sich nicht vorstellen, einen Hochschulabschluss zu machen, eine tolle Arbeitsstelle zu bekommen, in einem schönen Zuhause zu leben, den idealen Partner zu finden, und so weiter. Sie können sich nicht vorstellen, finanziell erfolgreich oder abgesichert zu sein – ihr Selbstbild lässt es einfach nicht zu. Unsere Leistungen sind nur so gut wie das Bild oder die Vorstellung, die wir unserem Geist eingepflanzt haben. Positives Denken wird für diejenigen nicht funktionieren, die negativ denken. Wenn wir aber einen positiven Blick auf uns selbst haben, ein hohes Selbstwertgefühl, gibt es keine Grenzen für das, was wir erreichen können.

Eine der erstaunlichsten Geschichten, die zeigt, was ich über dieses Thema vermitteln will, ist die Geschichte von Thom Hartmann, der eines meiner Tagesseminare in Oklahoma City, Oklahoma, besuchte. Später schrieb er mir einen Brief, in dem er sagte, er habe das Seminar nur besucht, weil sein Bruder eine Eintrittskarte übrig hatte und es Thoms freier Tag war. Es waren etwa 1500 bis 1600 Besucher anwesend und Thom saß in der Mitte des Publikums. Er schrieb mir, dass er in den ersten drei Minuten feststellte: Er saß auf dem falschen Platz.

Er schrieb: »Sie standen vor dem Publikum und erzählten verrückte Sachen, wie: Sie können gehen, wohin Sie wollen und tun, was Sie tun wollen. Sie können sein, wer Sie sein wollen. Und ich dachte so bei mir, *Oh, Mann, das ist ein Haufen Blödsinn. So etwas habe ich schon von anderen gehört.* Und um ehrlich zu sein, fühlte ich mich unbehaglich, also sah ich mich um, ob ich mich einfach rausschleichen konnte, wenn es noch schlimmer würde – und genau das passierte auch.

Es dauerte kaum drei Minuten, bis Sie die Chuzpe hatten, ins Publikum zu blicken und zu sagen: ›Gott liebt Sie und will das Beste für Sie.‹ Und ich wusste, auch das war wieder nur ein Haufen Blödsinn! Also sah ich mich *ernsthaft* nach einem Weg heraus um, aber ich saß direkt in der Mitte von etwa 1600 Leuten. Ich konnte auf keinen Fall einfach herausschleichen, ohne dass es einige Unruhe verursacht hätte, also sah ich auf die Uhr und beschloss, bis zur ersten Pause zu warten. Und dann wäre die Sache zu Ende.

Ein paar Minuten später bezogen Sie sich auf die Tatsache, dass wir länger tot sein würden als lebendig und daher uns ein paar langfristige Ziele setzen mussten. Sie hatten die Unverfrorenheit, uns zu sagen, dass wir zu großen Leistungen geschaffen wären, auf den Erfolg getrimmt, und mit der Saat wahrer Größe ausgestattet.

Als Sie das sagten, sah ich nach unten und dachte bei mir, *Okay, er hat wenigstens teilweise recht.* Ich blickte hinab auf 1,60 Meter Bauchumfang und 185 Kilogramm Körpergewicht. Ich hatte gerade eine Scheidung hinter mir, die mich am Boden zerstört zurückgelassen hatte. Eine Arbeitsstelle hatte ich nur, weil mein Arbeitgeber ein Freund von mir war, nicht weil ich das Geld tatsächlich verdient hätte. Seit vielen Jahren war ich nicht mehr in der Kirche gewesen. Ich war so pleite, dass ich jeden Freitagabend einen ungedeckten Scheck ausstellte, um etwas zu essen zu kaufen.

Ich weiß nicht mehr genau, was Sie gesagt haben, Zig, aber etwas hat in mir eine Saite zum Schwingen gebracht und ich habe einen Stift aus der Tasche geholt und angefangen, auf einem Block Notizen zu machen. Den ganzen Tag habe ich Notizen gemacht. Als das Seminar vorbei war, hatte ich das erste Mal als Erwachsener einen Hoffnungsschimmer.«

Der Brief fuhr fort: »Am nächsten Tag sagte ich zuerst zu meinem Chef, dass er nicht nur einen Freund auf der Gehaltsliste stehen hatte, sondern einen Mitarbeiter. Ich sagte ihm sogar, ich würde mein ganzes Gewicht in die Waagschale werfen und mir meinen Lohn verdienen und bei 185 Kilogramm Körpergewicht war das eine beachtliche Ansage.«

Thom ging noch an diesem Nachmittag zur Oklahoma City University und schrieb sich in einige Psychologiekurse ein. Er hatte bereits Geschichtskurse besucht, aber das Fach gewechselt, sodass er etwas über sich selbst lernen konnte. Am nächsten Tag ist Thom in ein Fitnessstudio gegangen, um etwas wegen seiner schlechten körperlichen Verfassung zu unternehmen. Am folgenden Tag besuchte er ein Bekleidungsgeschäft und suchte sich Kleidung im Wert von 700 Dollar aus, die er zur Seite legen ließ und anzahlte.

☑ **Jemand mag Ihnen vielleicht einmal, zweimal oder ein Dutzend Mal widersprechen, aber wenn Sie demjenigen weiterhin sagen, dass er wichtig ist und etwas aus seinem Leben machen kann, wird er es irgendwann glauben.**

Als der Besitzer des Geschäfts sah, dass er Jacken in Größe 54 und Hosen mit Bundweite 39 auswählte, fragte er ihn: »Mr. Hartmann, für wen kaufen Sie die Kleidung?« Thom sagte ihm, er kaufe sie für sich selbst. Der Besitzer sah ihn an, als wäre er verrückt geworden, aber nach einer Weile tat Thom genau das.

Er schrieb: »Jemand mag Ihnen vielleicht einmal, zweimal oder ein Dutzend Mal widersprechen, aber wenn Sie demjenigen weiterhin sagen, dass er wichtig ist und etwas aus seinem Leben machen kann, wird er es irgendwann glauben. Ihre erstaunliche Botschaft kann die ganze Welt umrunden, 40.000 Kilometer, in weniger als einer Zehntelsekunde. Ja, manchmal braucht es Jahre, diesen letzten Millimeter zu überwinden. Ihre Botschaft ist endlich bei mir angekommen.«

Etwa zehn Jahre später wiegt Thom nur knapp über 90 Kilogramm, etwa genau sein Idealgewicht, da er etwa 1,90 Meter groß ist und breit gebaut. Er unterrichtet jeden Sonntag an der Sonntagsschule. Er ist selbstständig.

Ich berichte Ihnen von dieser Geschichte deswegen so detailliert, weil ich glaube, wenn Sie diese analysieren, sehen Sie einen Mann, der körperlich, seelisch und sozial pleite war und auch vom familiären Standpunkt aus gescheitert. Er war in jedem wichtigen Bereich seines Lebens bankrott. Aber weil er daran arbeitete, sein Selbstbild zu verbessern und sich Ziele setzte, waren die Ergebnisse absolut spektakulär.

Sie müssen sich Ziele setzen.

3. Keine überzeugende Motivation

> ☑ **Sie können arbeiten, wenn Sie arbeiten und spielen, wenn Sie spielen.**

Der dritte Grund, wieso sich 97 Prozent der Menschen keine Ziele setzen, ist im Grunde, weil ihnen nie jemand vermittelt hat, wie wichtig das ist. Das ist der Hauptgrund für mich, dieses Buch zu schreiben – Ihnen zu vermitteln, wie wichtig es ist, Ziele zu haben. Ich bin zuversichtlich, Sie bis zum Ende des heutigen Tages, bevor Sie ins Bett gehen, überzeugt zu haben. Bis dahin werden Sie die ersten wichtigen Schritte getan haben, um sich eigene Ziele zu setzen. Ich gehe sogar noch weiter. Wenn Sie nicht bis heute Abend einige Ihrer Ziele aufgeschrieben haben, brauchen Sie gar nicht erst ins Bett zu gehen, denn Sie werden nicht schlafen können. Wenn Sie sie nicht aufschreiben, werden Sie nicht einschlafen können.

Sie müssen auf alle Fälle Ziele haben. Dabei möchte ich darauf hinweisen, dass Ziele für Einzelpersonen, Familien, Unternehmen und Nationen gleichermaßen funktionieren. Das Hauptproblem dabei ist unser innerer Monolog, sind unsere Gedanken. Die meisten Menschen denken über etwas nach, während sie ihr Tagwerk erledigen. *Ich sollte wirklich mehr Zeit mit meiner Familie verbringen.* Und wenn sie Zeit mit der Familie verbringen, denken sie: *Ich sollte wirklich mehr für meine Familie arbeiten.* Und wenn sie arbeiten, drehen sich die Gedanken wieder darum, zu Hause zu sein und so weiter und so fort. Dann beschweren sie sich in der Arbeit und zu Hause: »Ich habe nie Zeit für irgendwas.« Ist auch kein Wunder – im Geist springen sie ständig hin und her.

Die Wahrheit ist, wenn die meisten Menschen in der Arbeit sind, »spielt« ihr Geist – und wenn sie spielen und entspannen sollten, dreht sich ihr Geist um die Arbeit. Also arbeiten sie weder, noch spielen sie. Egal, wo sie sind, sie verschwenden nur ihre Zeit.

Einer der wunderbaren Nebeneffekte, wenn man Ziele und eine Richtung hat, ist die Tatsache, dass Sie arbeiten, wenn Sie arbeiten – und spielen, wenn Sie spielen. Ich will nicht vorschlagen, dass Sie härter arbeiten sollen. Tatsächlich ist es so, dass Sie vermutlich weniger arbeiten werden, wenn Sie dieses Buch gelesen haben. Aber wenn Sie in der Arbeit sind, werden Sie arbeiten. Sie werden unglaublich effektiver arbeiten, wenn Sie es auf diese Weise tun, und Ihr Leben wird Balance haben. Es gibt einen Unterschied zwischen Lebensstandard und Lebensqualität.

☑ Richtung schafft Zeit und Motivation schafft Energie.

Ihnen muss klar werden, dass jeder Ziele hat, aber einige wissen es gar nicht, weil sie die Ziele nicht genau identifiziert haben. Wir müssen uns mehr darauf konzentrieren, genau zu wissen, *was* wir tun und *wieso* wir es tun, damit wir viel bessere Resultate erzielen können. Sie können es im Leben zu nichts bringen, wenn Sie »wandelnder Durchschnitt« sind. Sie müssen »bedeutungsvoll besonders« werden. Viele Menschen werden morgen in die Arbeit gehen, denn sie haben gestern dasselbe gemacht. Und wenn das der Grund ist, wieso Sie morgen in die Arbeit gehen, werden Sie nicht so gut wie gestern sein, denn nun sind Sie zwei Tage älter und Ihrem Ziel, das Sie gar nicht haben, nicht nähergekommen.

Viele Menschen beschweren sich, dass sie nicht genug Zeit haben. Aber 99 Prozent des Problems ist nicht Zeitmangel, sondern eine fehlende Richtung. Richtung schafft Zeit und Motivation schafft Energie.

Erinnern Sie sich an das letzte Mal, wie es war, als Sie einen *dieser* Tage hatten? Vielleicht lief er etwa folgendermaßen ab: Sie stehen früh auf, weil Sie um 8:30 Uhr einen wichtigen Termin haben und Sie wollen absolut sichergehen, dass Sie pünktlich dort sind. Nachdem Sie sich fertig gemacht haben und aufbrechen wollen, stellen Sie beim Verlassen des Hauses fest, dass Ihr Wagen einen Platten hat. Das ist der Anfang eines *dieser* Tage. Sie mühen sich ab, geraten ins Schwitzen und haben irgendwann den Reifen gewechselt. Sie ziehen sich um, machen alles sauber und bemühen sich, schnellstmöglich zu Ihrem Termin zu kommen. Genau zur vereinbarten Zeit treffen Sie dort ein und finden einen kleinen Zettel an der Tür vor: »Entschuldigung, ich habe einen Anruf erhalten und musste die Stadt verlassen. Ich habe noch einmal über die Sache nachgedacht und habe kein Interesse mehr. Rufen Sie mich nicht an, ich werde Sie anrufen.«

Sie gehen ins Büro und werden beim Eintreten vom klingelnden Telefon begrüßt. Es ist Ihr Verwaltungsassistent, der heute nicht zur Arbeit kommen wird. Ihnen fällt auf, dass es ungewöhnlich heiß ist – weil die Klimaanlage einen Schaden hat. Ein paar Stunden später ist der Abfluss verstopft. Den ganzen Tag lang folgt ein Problem dem anderen, bis endlich, glücklicherweise der Tag zu Ende ist und Sie völlig geschafft sind.

Wenn Sie nach Hause kommen und sich kaum noch auf den Beinen halten können, begrüßt Ihr Partner oder Ihre Partnerin Sie an der Tür und sagt: »Schatz, ich bin so froh, dass du heute nicht so lange arbeiten musstest, denn wir wollten ja die Garage ausräumen.« *Oh nein, nicht heute*, denken Sie. *Ich bin fertig!*

Dann klingelt das Telefon und ein Freund lädt Sie zum Golfspielen ein. »Ich bin in zehn Minuten da!«, sagen Sie mit neuerwachter Energie.

Sie haben mehr als genug Energie, um die Dinge zu tun, die Sie wirklich tun wollen. Und wenn Sie die Dinge tun, die Sie tun sollten, in dem Moment, in dem Sie diese erledigen sollten, wird der Tag kommen, an dem Sie die Dinge tun können, die Sie tun wollen, und zwar wann immer Sie diese tun wollen.

Viele Menschen sagen: »Ich bin heute einfach nicht motiviert, irgendetwas zu tun.« Nun, die haben da was falsch verstanden. Wenn Sie es einfach tun, kommt auch die Motivation, es zu tun. Die Motivation folgt buchstäblich der Handlung und Motivation schafft Energie. Beginnen Sie noch heute, in diesem Moment damit – schreiben Sie Ihre Ziele auf.

> ☑ **Wenn Sie die Dinge tun, die Sie tun sollten, in dem Moment, in dem Sie diese erledigen sollten, wird der Tag kommen, an dem Sie die Dinge tun können, die Sie tun wollen, und zwar wann immer Sie diese tun wollen.**

4. Nicht wissen, wie

Der vierte Grund, wieso die meisten Menschen keine Ziele haben, ist im Grunde, dass sie nicht wissen, wie sie sich welche setzen sollen. Ich habe gute und schlechte Neuigkeiten für Sie. Und ja, ich erzähle Ihnen zuerst die schlechten. Die schlechten Neuigkeiten sind: Wenn Sie sich engagiert Ziele setzen, wird es zwischen zehn und zwanzig Stunden dauern, sich ernsthaft darüber klarzuwerden. Wenn Sie wirklich komplexe Ziele haben, dauert es vielleicht dreißig Stunden, um sie auszuformulieren. Das ist ein weiterer Grund, wieso so viele Menschen diese niemals aufschreiben – man muss enorm viel Zeit investieren. Das waren die schlechten Neuigkeiten.

Zwei gute Neuigkeiten: Ich kann Ihnen versichern, wenn Sie erst einmal Ihre Ziele auf durchdachte Weise formuliert haben, werden Sie sich damit für den Rest Ihres Lebens drei bis zehn Stunden Extralebenszeit jede Woche verschafft haben. Ich will es noch einmal betonen: Wenn Sie die Dinge tun, die Sie tun sollten, und zwar in dem Moment, in dem sie anstehen, wird der Tag kommen, an dem Sie die Dinge tun können, die Sie tun wollen, und zwar wann immer Sie wollen. Die guten Neuigkeiten sind: Wenn Sie Ziele haben, werden Sie eine Menge Zeit haben, sich den Dingen zu widmen, die Sie wirklich interessieren. Sie werden Ihre Zeit, Ihre Aktivitäten und Ihre Zukunft im Griff haben.

Der Rest der guten Neuigkeiten – wenn Sie lernen, wie man sich ein Ziel setzt, wissen Sie, wie man sich Ziele setzt. Wenn Sie lernen, wie man sich ein Ziel in Bezug auf den eigenen Körper setzt, werden Sie auch lernen, wie man sich mentale, spirituelle, soziale, familiäre, berufliche und finanzielle Ziele setzt, denn die Prozedur ist die gleiche. Es gibt eine Formel dafür, sich alle diese Ziele zu setzen. Wenn Sie ausrechnen können, wie viel 12 mal 12 ist, können Sie auch ausrechnen, wie viel 2865 mal 9412 ist – wenn Sie die Formel dafür kennen. In gleicher Weise können Sie die Formel dafür, wie man sich Ziele setzt, auf jeden Aspekt Ihres Lebens anwenden.

Ein Buch schreiben

Ich will Ihnen eine kleine Geschichte erzählen. Mein Buch, *See You at the Top*, wurde mehr als zwei Millionen Mal verkauft, inklusive der Übersetzungen. Wenn das Buch kein einziges Mal verkauft worden wäre, würde ich immer noch sagen, dass es das profitabelste Unterfangen meines Lebens war. Ich rede nicht nur über Geld und Lebensstandard, sondern auch über die Lebensqualität, wenn ich diese Aussage treffe. Sehen Sie, dieses Buch, das Sie im Moment lesen, sollte eigentlich den Titel tragen: *Was Sie, meiner Meinung nach, tun sollten, um das meiste aus dem Leben zu machen.*

Als ich *See You at the Top* schrieb, ging mir auf, dass ich mir dabei selbst klarmachte, um was sich das Leben eigentlich dreht. Zum ersten Mal hatte ich wirklich herausgefunden, was ich selbst für wichtig hielt und meine Arbeit enthüllte eine Reihe an Dingen, die ich bisher schon geglaubt hatte, aber nie klar benennen konnte.

Ich glaube, Sie sollten ein Buch schreiben. Es ist egal, ob Sie es publizieren lassen oder nicht. Der Akt des Schreibens an sich wird Lohn genug sein. Ich glaube auch, dass der Titel Ihres Buchs lauten sollte: *Was Sie, meiner Meinung nach, tun sollten, um das meiste aus dem Leben zu machen.* Ich will das mit einigen Informationen unterfüttern, denn ich glaube, es ist ein klassisches Beispiel dafür, worum es geht, wenn man sich Ziele setzt und diese erreicht.

Die ersten Worte, die ich aufschrieb, lauteten: »Sie können gehen, wohin Sie wollen. Sie können tun, was Sie wollen. Sie können sein, wer Sie sein wollen.« Nun, damals hatte ich einen Bauchumfang von über 100 Zentimeter und wog weit über 90 Kilogramm. Ich wusste, wenn mein Publikum mir glauben und mich nicht als Lügner oder Heuchler sehen sollte, musste ich auch das umsetzen, was ich predigte. Ich musste etwas an mir ändern.

Also ging ich in eine Sportklinik und sie haben alle möglichen Tests gemacht, Blut abgenommen und so weiter. Als die Untersuchung beendet war, rief mich der zuständige Arzt herein und sagte: »Mr. Ziglar, Sie werden sich sicher freuen, wenn ich Ihnen sage: Wir haben die Zahlen durch den Computer laufen lassen und Sie sind gar nicht übergewichtig, Sir.«

Ich meinte: »Das ist ja fantastisch!«

»Aber«, sagte er, »laut unseren Computerergebnissen sind Sie genau 14 Zentimeter zu klein.«

Also sagte ich: »Nun, Doc, das ist aber ziemlich schlecht, oder nicht?«

Er sagte: »Nein, Sie sind für einen 66-Jährigen in ziemlich guter Verfassung.«

Ich sagte: »Herr Doktor, ich bin 46.«

Der Arzt erwiderte: »Nun, dann sind Sie in furchtbarer Verfassung. Wenn Sie ein Gebäude wären, würde ich Sie abreißen lassen.«

Ich fragte den Arzt, was ich tun könnte, und er gab mir ein paar Ratschläge; Ziele, die ich mir setzen und Schritte, die ich unternehmen konnte.

Als früh am nächsten Morgen der »Wecker der Möglichkeiten« hell sein Läuten erklingen ließ, stand ich auf. (Negativ eingestellte Menschen nennen ihn einfach nur »Wecker«.) Ich zog mein schickes, neues Joggingoutfit an, verließ das Haus und rannte den Häuserblock entlang. Am nächsten Tag schaffte ich schon mehr, ich rannte einen Block weit und dazu umrundete ich einen Briefkasten. Am nächsten Tag rannte ich einen Block weit und um *zwei* Briefkästen. Eines Tages schaffte ich es, einmal komplett um den Block zu laufen, kam zurück, weckte die ganze Familie und sagte: »Ratet mal, was Dad gerade getan hat!« Ich schaffte einen Kilometer, dann eineinhalb, dann zweieinhalb, dann fünf, sechs, sieben und acht. Und mein Gewicht fiel von 92 Kilogramm auf 75. Mein Bauchumfang verringerte sich auf 86 Zentimeter.

Wenn Sie darüber nachdenken, Gewicht zu verlieren, lassen Sie mich Ihnen ein paar Tipps geben:

- Lassen Sie sich von einem schlanken Arzt untersuchen. Wenn er oder sie nicht glaubt, dass es wichtig ist, sich um seinen Körper zu kümmern, werden Sie weniger motiviert sein.
- Wenn der Arzt Ihnen ein Rezept gibt, gehen Sie nicht nur zur Tür raus, vielmehr: flüchten Sie. Sie haben das Gewicht nicht zugelegt, indem Sie Pillen genommen haben, und Sie werden es nicht dauerhaft verlieren, indem Sie Pillen nehmen.
- Wenn Sie einen Arzt haben, der negativ eingestellt ist, wechseln Sie zu einem mit einer positiven Einstellung. Ärzte mit einer negativen Einstellung sagen Ihnen nur, was Sie alles nicht essen dürfen. Sie sagen, Sie dürften nicht essen, was Sie wollen – aber, Sie dürften so viel Sie wollen, von dem essen, was Sie nicht mögen. Was ich an meinem Arzt liebte, war, dass er so positiv eingestellt war. Er sagte zu mir: »Mr. Ziglar, es wird Sie freuen, zu hören, dass Sie essen können, was Sie wollen – und ich habe hier schon einmal eine Liste mit dem zusammengestellt, was Sie essen wollen.«

Ich darf auf jeden Fall eine Menge Hühnchen essen, viel Fisch, Obst und Gemüse und Salate. Ich kann gelegentlich gutes, mageres Roastbeef essen. Eigentlich kann ich mittlerweile fast alles essen, was ich will. Ich glaube, der Schlüssel, um dauerhaft Gewicht zu verlieren, ist eine Kombination aus Ernährung und Sport. In einem Winter habe ich mir zum Beispiel den Rücken verletzt und konnte zwei Monate nicht joggen gehen, also habe ich dreieinhalb Kilogramm zugenommen – Eiscreme setzt bei mir ganz gut an.

Das sind die vier Gründe, wieso Menschen keine Ziele haben – FEAR, ein geringes Selbstwertgefühl, keine Motivation und sie wissen nicht, wie. Lassen Sie uns diese Gründe ein für alle Mal entkräften!

Aktivität oder Leistung

Wenn ich über Ziele rede, erzähle ich gerne die Geschichte von Jean Henri Fabre, dem großen französischen Naturforscher.

Er hat eine Reihe von Experimenten mit den Raupen des Pinienprozessionsspinners durchgeführt. Sie werden so genannt, weil sie in einer Reihe hintereinander her kriechen. Er hat sie um einen Blumentopf aufgereiht, bis sie einen geschlossenen Kreis bildeten. In die Mitte des Blumentopfs hat er ein paar Piniennadeln gelegt, die Nahrung der Raupe des Prozessionsspinners. Die Raupen liefen im Kreis herum. 24 Stunden am Tag, sieben Tage und sieben Nächte liefen sie im Kreis, bis sie vor Hunger und Erschöpfung buchstäblich tot umfielen. In nur 10 Zentimetern Entfernung hätten sie einen reichlichen Vorrat ihrer bevorzugten Nahrung gefunden, aber sie verhungerten, weil sie Aktivität mit Leistung verwechselten.

> ☑ **Es sind nicht unsere Fähigkeiten – was den Unterschied macht, ist unsere Denkweise und die Richtung, die wir einschlagen.**

Eine Menge Menschen tun genau dasselbe.

Ich weiß nicht, wo Sie wohnen, aber ich kann Ihnen etwas über Ihre Heimatstadt verraten. Es gibt Menschen, die das Gleiche tun wie Sie. Einige davon sind außergewöhnlich erfolgreich und manche nicht. Es ist egal, um welchen Geschäftsbereich es geht – es geht nicht um den Ort, es geht nicht um Fähigkeiten –, was den Unterschied macht, ist unsere Denkweise und die Richtung, die wir einschlagen.

Viele Menschen haben nie wirklich eine Richtung im Leben. Sie können sie an jedem Arbeitsplatz vorfinden. Sie kommen zur Arbeit und sind fast den ganzen Tag energiegeladen. Wie ein Hansdampf in allen Gassen. Immer beschäftigt, beschäftigt, beschäftigt. Aber am Ende des Tages haben sie immer noch einen ganzen Stapel Papier auf dem Schreibtisch und man kann nicht erkennen, dass sie überhaupt etwas geleistet haben – denn sie haben keine wirkliche Richtung.

Das herausragendste Beispiel dafür, sich Ziele zu setzen, von dem ich je gehört habe, hat mit den Japanern zu tun. 1950 hat sich das kriegsgebeutelte, zerstörte Japan – eine Nation, die mehr junge Männer an den Krieg verloren hatte als jedes andere Land in den letzten hundert Jahren – ein Ziel gesetzt. Japan hat nicht wirklich viele natürliche Ressourcen – kein Eisenerz, keine Kohle und kein Öl. Aber 1950 kamen die Führungspersonen der Regierung, der Wirtschaft und Industrie zusammen und beschlossen, eine gemeinsame Richtung einzuschlagen. Sie erklärten, dass sie die wichtigste textilproduzierende Nation der Welt werden wollten. Noch in den 1950er-Jahren erreichten sie dieses Ziel.

1960 setzten sich die Japaner das unmögliche Ziel, die bedeutendste stahlproduzierende Nation der Welt zu werden. Um das zu tun, mussten sie Stahlwerke bauen und das Eisenerz und die Kohle aus Tausenden Kilometern Entfernung importieren. Dann mussten sie den Stahl produzieren, ihn Tausende Kilometer zu den Abnehmern transportieren und dazu noch einen günstigeren Preis als die Konkurrenz verlangen. Unmöglich! Aber die Japaner hatten weniger im Blick, was ihnen *fehlte* – sie betrachteten, was sie *hatten*: die Bereitschaft, zu arbeiten. Und sie arbeiteten hart. Sie erreichten ihr Ziel.

In den 1970er-Jahren setzten sich die Japaner ein weiteres Ziel. Sie beschlossen, innerhalb dieses Jahrzehnts das Land zur Nummer eins bei der Produktion von Automobilen zu machen. Sie verpassten das Ziel um ein Jahr. Sie brauchten bis 1980, um zum größten Automobilproduzenten der Welt, zur Nummer eins, zu werden.

1980 setzten sie sich erneut ein Ziel. Sie wollten innerhalb dieser Dekade die Nummer eins bei der Produktion von Elektronikgeräten und Computern werden. Und genau das haben sie auch getan. Ziele funktionieren, ob für ein Individuum, eine Familie, ein Unternehmen oder eine Nation. Ich bin absolut überzeugt, wenn wir unsere Ziele fest im Blick haben, werden wir stärker, um uns unsere Freiheit zu sichern. Ziele erfüllen definitiv ihren Zweck.

☑ Zu viele Menschen verbringen mehr Zeit damit, die Hochzeit zu planen als die Ehe.

Fürs Leben planen

Ich liebe die Geschichte von Sir Edmund Hillary. Er war der erste Mensch, der den Mount Everest, den höchsten Gipfel der Welt, bestiegen hat. Stellen Sie sich vor, er wäre vom Berg wieder herabgestiegen und ein Reporter hätte ihn gefragt: »Erzählen Sie doch mal, Sir Edmund, wie haben Sie den höchsten Berg der Welt bestiegen? Wie haben Sie das geschafft?« Glauben Sie auch nur einen Moment lang, dass er dann nur gesagt hätte: »Ich bin an dem Tag einfach nur spazieren gegangen«? Nein, natürlich nicht. Das ist absurd und lächerlich. Er hat Tage, Wochen, Monate oder sogar Jahre geplant, hat sich Ziele für jeden Abschnitt des Aufstiegs gesetzt. Und doch planen viele Menschen nicht einmal irgendeines der wichtigen Ereignisse in ihrem Leben.

Zu viele Menschen verbringen mehr Zeit damit, die Hochzeit zu planen als die Ehe. Zu viele Menschen verbringen mehr Zeit damit, zu planen, wie sie eine Arbeitsstelle bekommen, als damit, wie sie in diesem Job produktiv und erfolgreich werden.

Sie müssen Ziele haben. Der Unternehmer J. C. Penny drückte es folgendermaßen aus: »Zeigen Sie mir jemanden, der ein Ziel hat und ich zeige Ihnen jemanden, der Geschichte schreiben wird.« Und er fügte hinzu: »Zeigen Sie mir jemanden ohne ein Ziel und ich zeige Ihnen einen Regalauffüller.«

Das Ziel ins Auge fassen

Betrachten Sie die folgenden Fragen und denken Sie gründlich darüber nach – schreiben Sie dann die Antworten auf und schreiten Sie zur Tat.

1. Haben Sie Ihre Ziele mit dem Computer ausgedruckt oder von Hand auf ein Blatt Papier geschrieben?

   ____

2. Haben Sie die Details genannt, wieso Sie diese Ziele erreichen wollen?

   ____

3. Haben Sie die Hindernisse identifiziert, die Sie überwinden müssen, um dorthin zu gelangen? Etwas steht zwischen dem, was Sie haben und dem, was Sie wollen. Wenn nichts zwischen Ihnen und Ihren Zielen stünde, wären Sie schon dort angekommen. Sie müssen herausfinden, was diese Hindernisse sind und beschließen, jedes einzelne davon zu überwinden.

   ____

4. Haben Sie ausformuliert, was Sie brauchen, um Ihre Ziele zu erreichen?

   ____

5. Haben Sie die Menschen, Gruppen und Organisationen oder Unternehmen identifiziert, mit denen Sie arbeiten müssen, um ans Ziel zu gelangen?

---

6. Haben Sie einen bestimmten Plan oder eine Handlung festgelegt, um dorthin zu gelangen?

---

7. Und haben Sie schließlich und endlich ein Datum für jedes dieser Ziele gesetzt, das Sie erreichen wollen?

KAPITEL 2

ZIELE SETZEN – IN NEUN SCHRITTEN

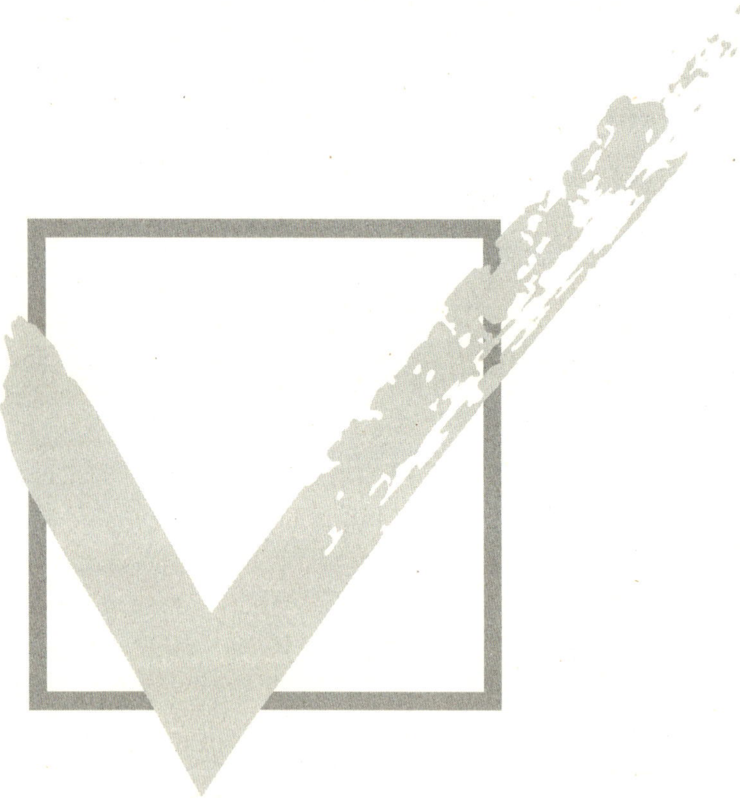

Das erste Kapitel war zur Auflockerung. Jetzt widmen wir uns den grundlegenden Aufgaben. Wir machen uns an die Arbeit und widmen uns dem Schritt-für-Schritt-Prozess, mit dem wir uns Ziele setzen. Es sind mehrere Schritte, die in diesem und den folgenden Kapiteln im Detail erläutert werden.

1. Schreiben Sie es auf

Schritt Nummer eins ist, alles aufzuschreiben, was Sie sein wollen, tun wollen oder haben wollen. Sie müssen erst etwas *sein*, bevor Sie etwas *tun* und Sie müssen etwas *tun*, bevor Sie etwas *haben*. Sie müssen es einfach deshalb aufschreiben, weil Schreiben eine größere Konzentration erfordert und damit das, was Sie aufschreiben, wirkungsvoller in Ihr Unterbewusstsein eindringt.

Ich kann Ihnen meine nächste Aussage nicht belegen, aber ich glaube, dass sie der Wahrheit entspricht. Ich habe genug gelesen, um überzeugt zu sein, dass meine Aussage einiges für sich hat und glaubhaft ist. Persönlich bin ich sicher, der größte Nutzen des Prozesses, sich Ziele zu setzen, besteht darin, der linken Hirnhälfte eine Richtung vorzugeben. Das bedeutet, dass Sie Ihrer rechten Hirnhälfte den Freiraum verschaffen, den sie für ihre Aufgabe braucht, nämlich kreativ zu sein. Indem Sie Ihre rechte Hirnhälfte von anderen Aufgaben freimachen, wird Ihre linke Hirnhälfte automatisch darauf ausgerichtet, die realistischen Ziele im Leben anzustreben – was enorm wertvoll ist.

> **Der größte Nutzen des Prozesses, sich Ziele zu setzen, besteht darin, der linken Hirnhälfte eine Richtung vorzugeben. Das bedeutet, dass Sie Ihrer rechten Hirnhälfte den Freiraum verschaffen, den sie für ihre Aufgabe braucht, nämlich kreativ zu sein.**

Schreiben Sie alles auf, was Sie sein, tun und haben wollen. Nehmen Sie ein leeres Blatt Papier, schreiben Sie »Verrückte Ideen« darauf und notieren Sie alles. (Am Ende dieses Kapitels haben Sie Platz, um Ihre verrückten Ideen aufzuschreiben.) Nur, falls Sie denken, *Ziglar, ich brauche drei Tage, um alles aufzuschreiben, was ich sein, tun und haben will,* lassen Sie mich Ihnen versichern, dass Sie innerhalb einer Stunde 95 Prozent von allem aufgeschrieben haben werden, was Sie zu diesem Zeitpunkt auf die Liste setzen wollen. In den nächsten 24 bis 48 Stunden werden Sie vielleicht ein paar weitere Punkte hinzufügen, aber es werden nicht sehr viele sein.

2. Fragen Sie sich, warum

Lassen Sie die Liste dann 24 bis 48 Stunden ruhen. Am Ende dieser Zeit werfen Sie erneut einen Blick darauf und schreiben Sie hinter alles, was Sie notiert haben, ein Wort: »Warum«. *Wieso* wollen Sie sein, tun und haben, was Sie aufgeschrieben haben? Wir werden den Rest dieses Kapitels daran arbeiten, wieso Sie all diese Dinge aufgeschrieben haben. Sind es wirkliche Ziele, tatsächliche brennende

Verlangen in Ihrem Leben? Oder nur Launen? Die wahre Aufgabe besteht darin, herauszufinden, was Sie *tatsächlich* wollen – was in Ihrem Leben zu realen positiven Veränderungen führen wird.

3. Eliminieren

Das mag sich etwas negativ anhören, aber wir werden nun einiges von dem, was Sie aufgeschrieben haben, streichen. Ich könnte Ihnen auch etwas sagen, was Sie bereits wissen – Sie können nicht immer alles erreichen, was Sie sein, tun und haben wollen. Wenn Sie nicht in einem Satz artikulieren können, wieso Sie es sein, tun oder haben wollen, fliegt dieser Punkt von der Liste.

Zum Beispiel habe ich einige meiner Zielsetzungen durchgesehen und einige der Dinge aufgeschrieben, die ich dieses Jahr tun wollte. Als Erstes stand auf der Liste, dass ich einige Seminare an einer Bibelschule besuchen wollte. Ich würde gerne mehr Zeit mit meiner Frau, meinen Kindern und Enkelkindern verbringen. Ich würde gerne mehr Familienseminare geben. Meine tägliche Radiosendung sollte wieder ausgestrahlt werden. Eine tägliche Zeitungskolumne stand auf der Liste. Ich wollte fünf- bis sechsmal die Woche Golf spielen. Ich wollte aktiver daran arbeiten, einige der Sendungen und Werbespots im Fernsehen anständiger zu gestalten. Auf der politischen Ebene wollte ich ebenfalls mithelfen, dass qualifizierte Menschen in öffentliche Ämter gewählt werden. Für meinen Kampf gegen die Pornografie wollte ich mehr Zeit aufbringen. Ich wollte mehr Zeit mit meinen Mitarbeitern verbringen. Im Jahr mindestens ein Buch schreiben. Ich wollte Spanisch lernen. Ich wollte mehr soziale Kontakte zu den Nachbarn unterhalten. Mindestens drei, besser noch vier Stunden am Tag wollte ich lesen und Recherche treiben. Mindestens eine Stunde am Tag joggen, Sport machen und mich um meine Gesundheit kümmern. Ich wollte mich in meiner Gemeinde einbringen und in sozial ausgerichteten Vereinen mitarbeiten. Ich wollte nach Russland und China reisen. Und es war ein Herzenswunsch, mindestens dreimal am Tag »Braum's French Chocolate Almond«-Eiscreme zu essen.

> ☑ **Sagen Sie Nein zum Guten, damit Sie Ja zum Besten sagen können!**

Um mal realistisch, aber nicht negativ zu sein – ich glaube ehrlich nicht, dass ich all diese Dinge tun kann. Ich muss Nein zum Guten sagen, damit ich Ja zum Besten sagen kann! Wir müssen herausfinden, welche Dinge auf unserer Liste wirklich bedeutend sind, und dann an diesen arbeiten.

> ☑ **Wenn Sie sich zu sehr auf nur ein oder zwei Bereiche in Ihrem Leben konzentrieren, kann Ihr Leben unausgeglichen sein.**

4. Balance

Nun müssen Sie Ihre Liste ausbalancieren. Wenn Sie einen Blick darauf werfen, analysieren Sie, wie sich Ihre Ziele auf die folgenden sieben Bereiche in Ihrem Leben auswirken – physisch, mental, spirituell, sozial, finanziell oder familiär. Notieren Sie das hinter jedem Ziel auf Ihrer Liste. Ihre Ziele liegen vielleicht nur in ein, zwei oder drei dieser Bereiche und das ist in Ordnung. Aber ich will darauf hinweisen, wenn Sie sich nur ein oder zwei Ziele setzen und nicht ernsthaft daran arbeiten, stehen die Chancen gut, dass Sie diese Ziele nicht erreichen, auch wenn Sie der Prozedur folgen. Sollten Sie die Ziele erreichen, kann es meiner Meinung nach sein, dass Sie nicht allzu glücklich sein werden, wenn Sie diese erreichen. Wenn Sie sich zu sehr auf nur ein oder zwei Bereiche in Ihrem Leben konzentrieren, kann Ihr Leben unausgeglichen sein. Sie haben vielleicht einen höheren Lebensstandard, aber wie sieht es mit Ihrer Lebensqualität aus?

5. Unter die Lupe nehmen

Im fünften Schritt müssen wir diese sieben grundlegenden Fragen unter die Lupe nehmen. Stellen Sie sich folgende Fragen:

1. Wird es mich glücklicher machen, dieses Ziel zu erreichen?

   ____

2. Werde ich meine Gesundheit verbessern, wenn ich dieses Ziel erreiche?

   ____

3. Werde ich wohlhabender sein, wenn ich dieses Ziel erreiche?

   ____

4. Werde ich mehr Sicherheit in meinem Leben haben, wenn ich dieses Ziel erreiche?

___

5. Habe ich mehr Freunde, wenn ich dieses Ziel erreiche?

___

6. Wird es mir Geistesfrieden verschaffen, wenn ich dieses Ziel erreiche?

___

7. Wenn Sie eine Familie haben, werden sich dann die familiären Beziehungen verbessern, wenn Sie dieses Ziel erreichen?

___

Wenn Sie nicht mindestens eine dieser Fragen mit Ja beantworten können, müssen Sie diese Ziele von Ihrer Liste streichen. Anmerkung: Schwärzen Sie diese Stellen nicht und löschen Sie nicht vollständig aus, was Sie geschrieben haben, denn im Moment mag dieses Ziel für Sie nicht das richtige sein, aber in ein paar Jahren möchten Sie die Situation vielleicht neu bewerten.

6. Anstrengen

Nummer sechs – wir brauchen ein paar Ziele, die auf den ersten Blick unsere Möglichkeiten übersteigen, Ziele, für die wir uns wirklich anstrengen müssen. Ich mag die Geschichte von »Gentleman Jim

Corbett«, dem früheren Weltmeister im Schwergewicht. Er war eines Morgens zum Laufen unterwegs, als er einen Fischer sah, der große und kleine Fische angelte. Corbett beobachtete ihn genau und sah, dass der Fischer die kleinen Fische behielt und die großen wieder ins Wasser warf.

Da er selbst Angler war und noch nie ein solches Verhalten gesehen hatte, lief Corbett hinüber und fragte den Mann: »Das verstehe ich nicht. Ich bin selbst Angler und ich habe noch nie jemanden gesehen, der die kleinen Fische behält und die großen wieder hineinwirft. Wieso machen Sie das?« Der Angler schüttelte traurig den Kopf und sagte: »Mann, es gefällt mir gar nicht, dass ich das tun muss, aber ich habe keine Wahl. Ich muss die großen wieder reinwerfen, denn ich habe nur eine ganz kleine Pfanne zu Hause.«

Bevor Sie zu laut darüber lachen, lassen Sie mich auf einen Punkt hinweisen, der auch auf Sie und mich anwendbar ist. Es kommt häufig vor, dass uns ein großes Ziel einfällt, ein großer Traum, diese eine große Idee und sofort sagen wir: »Oh nein, Herr im Himmel, gib mir nicht so etwas Großes … ich habe nur eine winzig kleine Pfanne. Außerdem hat bestimmt schon jemand anderes daran gedacht, also gib mir besser nur die Kleinigkeiten.«

Gehen Sie, so weit Sie sehen können, und wenn Sie dort sind, werden Sie immer noch etwas weiter in die Ferne blicken können.

Langfristige Ziele

Lieber Leser, wir müssen uns einige große Ziele setzen, um uns wirklich anzustrengen und unsere wahren Fähigkeiten zu nutzen. Einige Ziele müssen langfristig sein. Wenn es unterwegs Umwege gibt, ist das in Ordnung. Passen Sie einfach Ihre Stoßrichtung an. Ich orientiere mich an dem Satz: »Ändern Sie nicht das Ziel, ändern Sie nur die Richtungsangaben, um dorthin zu gelangen.« Aber erst, nachdem Sie sich tatsächlich ein konkretes Ziel oder eine Richtung vorgegeben haben.

Wenn Sie ein langfristiges Ziel haben, vergessen Sie nicht, dass Sie es nicht ohne Ärger erreichen werden. Egal, was das Ziel ist, es werden Dinge in Ihrem Leben passieren, die Sie nicht kontrollieren können. Aber Sie müssen diese *temporären* Rückschläge wie Kieselsteine auf einem Strand behandeln. Wenn Sie keine langfristigen Ziele haben, werden Rückschläge so groß wirken wie ein ganzer Ozean. Die Regel ist einfach – gehen Sie, so weit Sie sehen können und wenn Sie dort sind, werden Sie immer noch etwas weiter in die Ferne blicken können.

Sie müssen einige langfristige Ziele haben und Sie müssen einige kleine, tägliche Ziele haben – die kleinen Einzelheiten des Lebens. Jeder liebt den großen Traum – die Begeisterung, wenn man über eine Reise nach Honolulu oder eine Weltreise nachdenkt, davon träumt, ein Haus zu bauen, von der ersten Million träumt und dann der zweiten, und so weiter. Aber die Realität ist, damit die großen Dinge geschehen, müssen Sie die kleinen Ziele auf dem Weg erreichen. Außerdem müssen einige Ziele anhaltend angestrebt werden.

Dauerhafte Ziele

Was ist ein dauerhaftes Ziel? Das eigene Selbstbild zu festigen, ist ein dauerhaftes Ziel, selbst, wenn man bereits erwachsen ist. Selbst, wenn man älter als 40 oder 50 ist, kann man Erfahrungen machen, die einen am Boden zerstört zurücklassen. Zum Beispiel kann das Selbstbild zerstört werden, wenn man schon seit 30 Jahren im selben Beruf arbeitet und die neue Firmenleitung einen entlässt. Vielleicht findet man danach ein halbes Jahr, ein Jahr oder gar zwei Jahre keine Stelle mehr. Die Auswirkungen können vernichtend sein. Oder vielleicht wird man vom Partner verlassen. Das kann ebenfalls ein vernichtender Schlag für das Selbstbild sein.

Unsere *Gesundheit* ist ein dauerhaftes Ziel. Ich arbeite stets daran, die Gesundheit meines Körpers zu erhalten. Sport ist für mich ein dauerhafter Teil meines Lebens. *Spirituelle* Ziele sind dauerhafte Ziele. Ziele in der *Beziehung* sind dauerhafte Ziele. Und die meisten Menschen brauchen dauerhafte *finanzielle* Ziele.

7. Negativitäts-Check

Nummer sieben ist der Test auf Negativität. Ziele können negativ sein, wenn sie zu groß sind. Ein Ziel außer Reichweite ist das eine. Aber wenn es außer Sichtweite ist, ist das etwas anderes. Unrealistische Erwartungen sind ein Nährboden für Depression. Als ich zum Beispiel vor Jahren eine Rede in Detroit hielt, kam danach ein junger Mann, der 24 Jahre alt war, ganz aufgeregt zu mir und sagte: »Ich bin wirklich begeistert von Ihrem Vortrag – und ich werde dieses Jahr eine Million Dollar verdienen!«

Das war ein junger Mann, von dem ich zufällig wusste, dass er nicht die 2500 Dollar Franchise-Gebühr für das Produkt der Firma hatte, für die ich an diesem Tag den Vortrag hielt und ein Training veranstaltete. Er hatte seit vier Jahren gearbeitet, aber war nicht in der Lage gewesen, 2500 Dollar zu sparen. Aber er glaubte, er könne innerhalb der nächsten 12 Monate eine Million Dollar verdienen.

Das ist verrückt – seine Annahme hatte keinerlei tatsächliche oder vernünftige Grundlage.

Ihr Ziel könnte auch negativ sein, wenn es außerhalb Ihres Fachgebiets liegt. Wo ich gerade von Zielen rede – vor einigen Jahren kam in Salt Lake City nach meinem Vortrag ein junger, 30-jähriger Mann zu mir. Er war etwa 1,70 Meter groß und wog 90 Kilogramm. Er verkündete, dass es sein Ziel war, Boxchampion im Mittelgewicht zu werden. Ich fragte ihn, wie viel Erfahrung er hatte.

»Nun«, sagte er, »letzten Samstag haben mein Schwager und ich im Hinterhof geboxt und Sie können sich nicht vorstellen, wie leicht ich ihn besiegt habe.«

Ich wollte wissen: »Wie viel Erfahrung hat einer von Ihnen im Boxen gehabt?« Nun, keiner von beiden hatte irgendeine Erfahrung. Der Mann steuerte direkt auf den Friedhof zu. Wenn er mit einem Profi in den Ring stieg, würde der ihn töten. Daran besteht kein Zweifel. Das Ziel lag völlig außerhalb seines Erfahrungsbereichs. Ein Ziel kann negativ sein, wenn es völlig außerhalb des eigenen Interessengebiets oder der eigenen Expertise liegt.

Der dritte Grund, wieso ein Ziel negativ sein kann, liegt dann vor, wenn es vom Glück abhängig ist, ob man dort ankommt oder nicht. Wenn man »Mumm« braucht – motivierten und entschlossenen Mut –, hat man eine Chance. Aber Glück? Auf keinen Fall. Vergessen Sie nicht, wir arbeiten daran, dass die Hauptsache auch die Hauptsache bleibt. Wir arbeiten schrittweise daran, herauszufinden, was wir wirklich wollen.

☑ Wir arbeiten daran, dass die Hauptsache auch die Hauptsache bleibt.

8. Stellen Sie fünf Fragen

Schritt Nummer 8 ist, uns selbst fünf Fragen zu stellen.

Die erste Frage lautet: *Ist das wirklich mein Ziel?* Es gibt eine Menge Ärzte, Anwälte, Prediger, Klempner und Menschen in allen anderen Arten von Berufen, die nicht so gut sind, wie sie sein können, weil sie nicht ihrer eigenen Zielsetzung gefolgt sind. Ihre Eltern, Großeltern, Pfarrer, Professoren oder Freunde haben vielleicht irgendwann einmal etwas gesagt wie, »Weißt du, du bist gut darin! Du solltest ein ________________ werden«, und jemand anderes hat ihnen im Grunde ihre Ziele vorgegeben.

Wenn zwei Menschen an derselben Schule ihren Abschluss machen, kommt es vor, dass einer zuerst eine Stelle in der Fabrik in der Nähe oder bei einem örtlichen Unternehmen findet und dem anderen erzählt: »Ich habe einen großartigen Job mit Sozialleistungen, die absolut toll sind. Es ist eine nette Arbeitsumgebung. Du solltest dich auch dort bewerben.« Und häufig trifft die andere Person, ohne irgendeine eigene Überlegung anzustellen, dann eine Karrierewahl – und langweilt sich zu Tode bei dem, was sie tut. Er hat den erstbesten Job genommen, der ihm über den Weg lief. Finden Sie heraus, was Ihre Ziele sind, und verfolgen Sie diese dann.

Die zweite Frage lautet: *Ist dieses Ziel moralisch richtig und fair gegenüber allen, die es betrifft?* Die Vorstellung, andere auszunutzen und über sie hinweg zu trampeln und zu übervorteilen, um die eigenen Ziele zu erreichen, ist in unserer heutigen wettbewerbsorientierten Welt einfach nicht angemessen. Wir müssen mit anderen zusammenarbeiten. Erinnern Sie sich daran, dass sogar der Lone Ranger einen Begleiter hatte, mit dem er zusammenarbeitete. Ihr Ziel muss moralisch korrekt und fair gegenüber jedem sein, den es betrifft.

Nummer drei – fragen Sie sich selbst: *Wird dieses Ziel mich näher an mein Hauptziel bringen oder davon entfernen?* Jede Entscheidung, die Sie treffen, sollte dagegen abgewogen werden, wie viel näher sie Sie Ihrem Ziel bringt. Dazu gehört auch jede Anschaffung, die Sie tätigen.

Meine Frau und ich fuhren einmal im Sommer nach Japan, um uns die dortigen Schulen und Fabriken anzusehen. Dann machten wir einen Zwischenstopp in Hongkong, unterstützten die dortige Wirtschaft etwas und flogen hinterher nach Malaysia, wo ich ein Seminar halten sollte. Anschließend reisten wir nach Neuseeland und Australien, wo ich noch sechs weitere Seminare gab.

Wird dieses Ziel mich näher an mein Hauptziel bringen oder davon entfernen?

Vor der Reise sagte unser Sohn, der gerade im Abschlussjahr am College war, aber noch seinen Abschluss machte, bevor wir die Reise antraten, er würde gerne mitkommen. Ich meinte: »Nun, Sohn, hast du dir selbst die zwei Fragen gestellt? Hast du dich gefragt, ob es moralisch richtig und fair gegenüber allen ist, die damit zu tun haben?«

»Nachdem du dafür bezahlen musst, Dad, wirst du die Frage beantworten müssen.«

Ich meinte: »Okay, klingt fair. Also, wie sieht es mit Frage Nummer zwei aus? Wird es dich näher an dein Hauptziel im Leben bringen oder weiter davon entfernen?«

Das Hauptlebensziel meines Sohns war es, Profigolfer auf der PGA Tour zu werden. Wir glauben, er hat das Können dafür. Sein Trainer meint, er hat den nötigen Schwung. Ich denke auch, er hat die Leidenschaft dafür. Aber es ist dennoch ein großer Schritt und die

Chancen sind gering – aber das ist nun mal sein Hauptziel. Also fügte ich hinzu: »Wird es dich näher an dein Hauptziel bringen oder weiter davon entfernen, wenn du einen ganzen Monat nicht auf dem Trainingsplatz bist und deine Karriere verschiebst?«

Er sagte: »Ich denke, ich fahre nicht mit.«

Nun, wir wollten ihn ohnehin nicht mitnehmen, aber es war viel besser, wenn er diese Entscheidung selbst traf, als wenn wir nur gesagt hätten: »Nein, du kannst nicht mitkommen.« Er ist viel glücklicher mit dem Ergebnis, denn er hat selbst die Entscheidung getroffen.

Die vierte Frage: *Kann ich mich emotional ganz diesem Projekt widmen und es nicht nur beginnen, sondern auch zu Ende bringen?* Mein Freund, wenn Sie sich nicht emotional ganz einem Projekt oder Ziel verschreiben, wird nicht wirklich etwas passieren. Wir handeln als Menschen nicht logisch, wir sind emotionale Wesen. Wir müssen uns ernsthaft überlegen, ob wir uns emotional der Aufgabe verschreiben können oder nicht, jedes Projekt, das uns unserem Ziel näherbringt, nicht nur zu beginnen, sondern auch zu Ende zu bringen.

Und die letzte Frage: *Kann ich mir selbst vorstellen, dass ich dieses Ziel erreiche?* Als mein Ziel darin bestand, abzunehmen, hatte ich das Bild eines Mannes in Unterhosen an meinem Badezimmerspiegel hängen. Ich sah dieses Bild etwa zehntausend Mal während dieser zehn Monate. Jedes Mal, wenn ich ins Bad ging, hing er da. Ich hatte eine deutliche Vision, wie genau ich aussehen wollte. Das ist wichtig. *Sie müssen in der Lage sein, etwas zu visualisieren.*

☑ Machen Sie Inventur und finden Sie heraus, wo Sie stehen.

9. Wählen Sie die Top Vier

Beim neunten Schritt des Prozesses verkürzen Sie Ihre Liste auf nur vier Ziele, die beschreiben, was Sie tun, sein und haben wollen. Die meisten Menschen können ihre ganze Energie nur etwa vier Zielen zur selben Zeit widmen. Sie haben vielleicht immer noch zehn oder fünfzehn Punkte auf Ihrer Liste, aber Sie dürfen sich auf nicht mehr als vier konzentrieren. Sehen Sie sich Ihre Liste noch einmal genau an. Vielleicht ist ein Punkt darauf, den Sie im Moment nicht wirklich in Angriff nehmen können. Vielleicht ist ein Punkt doch nicht so wichtig. Kürzen Sie die Liste, bis Sie bei sieben oder acht sind.

Ich erkläre Ihnen, wie Sie die Liste dann bis auf nur vier reduzieren können.

Wenn Sie diesen Prozess durchlaufen, sollten Sie zuallererst *Inventur machen und sehen, wo Sie stehen.* Wenn ich zum Beispiel am Donnerstagnachmittag um 17:20 Uhr in ein Flugzeug steige, das nach St. Louis fliegt, aber der Kapitän glaubt, dass wir in Houston sind und von dort starten, dann werde ich es nicht rechtzeitig nach St. Louis schaffen. Der Pilot muss wissen, dass wir in Dallas, Texas, sind, wenn die Passagiere in St. Louis ankommen sollen. In gleicher Weise müssen Sie wissen, wo Sie sind und wohin Sie unterwegs sind, wenn Sie Ihr Ziel erreichen wollen. Sie müssen den ganzen Prozess durchlaufen, wie man dieses Ziel erreicht.

Als Nächstes folgt bei diesem Prozess der zweite Schritt, der darin besteht, *das Ziel aufzuschreiben.* Ich werde Ihnen den genauen Prozess erläutern, den ich durchlief, als ich, wie im vorherigen Kapitel besprochen, Gewicht verlieren wollte. Zuerst identifizierte ich mein Ziel, das darin bestand, 75 Kilogramm zu wiegen und einen Bauchumfang von 86 Zentimetern zu haben. Ich rechnete damit, dieses Ziel am 1. Juli 1974 zu erreichen und schrieb es auf. Normalerweise können Sie bei vielen Ihrer Ziele keinen Termin festlegen, bis Sie nicht den gesamten Prozess durchlaufen haben. Ich habe das genaue Datum erst festgelegt, als ich den Prozess abgeschlossen hatte, aber dieses Ziel hatte ich vor Augen.

Schritt drei: Welchen *Nutzen* haben Sie davon, dieses Ziel zu erreichen? Einer der wichtigsten Gründe, wieso Menschen nicht mit dem Rauchen oder Trinken aufhören oder es nicht schaffen, abzunehmen oder was auch immer zu tun, besteht darin, dass sie das Negative daran überbetonen. Während Sie diesen Prozess des Sich-Ziele-Setzens durchlaufen, sollten Sie vor allem die Frage stellen: »Was springt für mich dabei heraus?« Das hört sich vielleicht selbstsüchtig an, aber Sie arbeiten auf *Ihr* Ziel hin. Und denken Sie daran, Sie haben vorher schon die richtige Frage gestellt – ist es moralisch richtig und allen Beteiligten gegenüber fair? Also geht es nicht darum, dass Sie Ihren eigenen Vorteil zum Nachteil aller anderen im Auge haben.

Welchen Nutzen hatte ich davon, Gewicht zu verlieren? Erstens standen die Chancen gut, dass ich besser aussehen würde. Zweitens würde ich, abgesehen von allem anderen, länger leben. Die dritte nützliche Folge: Ich würde mehr Energie haben und mich besser fühlen. Viertens würde ich zweifellos weniger oft krank sein. In der Rückschau haben sich all diese nützlichen Wirkungen zu hundert Prozent als wahr erwiesen. Abgesehen von einigen Operationen, die nichts mit meiner Ernährung oder sportlichen Betätigung zu tun hatten, habe ich 15 Jahre lang keinen einzigen Tag Arbeit verpasst. Wenn man sich um die eigene körperliche Gesundheit kümmert, wird es positive Folgen für einen selber haben.

Schritt vier: Welche *Hindernisse* und Berge müssen Sie überwinden, um dieses Ziel zu erreichen? Was muss ich tun, um Gewicht zu verlieren? Nun, ich hielt damals eine strenge »Seafood-Diät«: Ich aß alles, was ich sah. Aber ich aß nur wie ein Spatz – also alles, was ich bekommen konnte. Niemals traf ich auf Essen, das ich nicht mochte – ich freundete mich mit allem an. Das Einzige, was ich nicht mag, sind grüne Oliven, Anchovis, Pimento-Käse und Kaviar. Und ich kann auch ohne diese Bestandteile eine ausgeglichene Mahlzeit zu mir nehmen, das garantiere ich.

Also, welche Hindernisse standen mir im Weg? Eines davon war, dass ich Essen mag. Ein weiteres war, dass mein Tagesablauf sehr unregelmäßig ist und ich zu ungewöhnlichen Zeiten Hunger bekomme. Wenn ich ein drei- oder vierstündiges Seminar halte, verbrauche ich eine Menge Energie. Wenn ich mit einem Seminar fertig bin, will ich meist eine große Mahlzeit zu mir nehmen, stattdessen esse ich ein Stück Obst. Ich musste mich mit den Hindernissen auseinandersetzen, die mir im Weg standen, das waren zwei davon. Ein weiteres Hindernis war meine Neigung, viel zu schnell zu essen. Ich schaufle gerne das Essen in mich hinein.

Schritt fünf: Welche anderen Fähigkeiten oder Kenntnisse sind erforderlich, um mein Ziel zu erreichen, Gewicht zu verlieren? Alles, was ich wirklich wissen musste, betraf Ernährung und Sport. Ich musste nur über zwei Dinge Bescheid wissen, also schrieb ich sie auf – Ernährung und Sport.

Häufig brauchen wir jemanden, mit dem wir arbeiten können und der uns etwas beibringt.

Schritt sechs: Wer sind die Individuen, Gruppen, Unternehmen und Organisationen, *mit denen Sie arbeiten sollten*, um dieses Ziel zu erreichen? Ich musste zuerst einmal mit meiner Frau zusammenarbeiten. Ich musste meine Mahlzeiten koordinieren und mein Jogging auf den Familienzeitplan abstimmen. Zweitens musste ich mit meiner Verwaltungsassistentin zusammenarbeiten, da sie diejenige ist, die meine Aktivitäten zeitlich plant. Ich werde häufig zum Essen eingeladen, wenn ich Seminare halte und ich nehme die Einladung nur an, wenn ich zwischen Seminar und Dinner Zeit zum Joggen habe.

Wenn Sie anfangen, sich über Leute Gedanken zu machen, mit denen Sie zusammenarbeiten sollten, um Ihr Ziel zu erreichen, will ich Sie daran erinnern, dass auch Albert Einstein jemanden hatte, der ihm beibrachte, dass zwei plus zwei vier sind. Auch möchte ich Ihnen ins Gedächtnis rufen, dass jemand Joe Lewis beibrachte, die Deckung oben zu halten. Jemand brachte Mozart die Tonleiter bei. Jemand brachte Sir Edmund Hillary bei, wie man auf einen kleinen Hügel kletterte, bevor er den Mount Everest bestieg. Häufig brauchen wir jemanden, mit dem wir arbeiten können und der uns etwas beibringt.

Schritt sieben: Wie sah mein *Handlungsplan* aus, um dieses Ziel zu erreichen? Das ist der Schritt, der uns wirklich zu den kleinen Einzelheiten bringt. Nun müssen wir herausfinden, ob wir es ernst damit meinen, dieses Ziel zu erreichen. Wie sah mein Handlungsplan aus? Zuerst beschloss ich, weil ich Brot und Süßigkeiten liebte, beides aus meiner Ernährung komplett zu verbannen. Also aß ich nur noch einmal die Woche Nachtisch. Jeden Sonntag nach der Kirche ging ich schnurstracks zu »Braum's French Chocolate Almond«.

Wie Sie vielleicht genau wissen, sind einige der Angestellten in Eisdielen besser als andere, wenn es darum geht, den Becher zu füllen. Also wartete ich in der Schlange, bis einer der besseren Becherfüller an der Reihe war, dann drehte ich mich um und sagte: »Ich nehme eine doppelte Portion von der guten alten »Braum's French Chocolate«-Mandeleiscreme.« Ich konnte den Sonntagnachmittag kaum erwarten, um zur Eisdiele zu gehen. Das war *Teil meines Handlungsplans*.

Der andere Teil bestand darin, immer eine Grapefruit dabeizuhaben. Sie ist vielleicht nicht die beste Reisebegleitung, die man finden kann, aber ich fand heraus, dass eine große Grapefruit nur etwa 110 Kalorien hat. Eine zu essen, würde meinen Appetit lindern und ich konnte wenigstens halbwegs zufrieden ins Bett gehen.

Der dritte Teil meines Handlungsplans bestand darin, meine Gabel nach jedem Bissen zur Seite zu legen. Ich nahm eine Gabel voll, steckte sie in den Mund und legte sie dann wieder auf den Teller. Ich zwang mich selbst, über jeden Bissen Nahrung nachzudenken. Dieser Schritt verlangsamte meine Nahrungsaufnahme erheblich. Sobald ich mit dem Essen fertig war, ging ich ins Badezimmer und putzte die Zähne, womit ich mir selbst signalisierte, dass die Mahlzeit vorbei war.

Ein weiterer Punkt auf dem Handlungsplan war, dass ich Brot und Nachtisch von den Mahlzeiten im Flugzeug eliminierte. Damals nahm ich etwa sechs Mahlzeiten pro Woche im Flugzeug ein. Wenn das Tablett mit Vorspeise, Brot und Dessert gebracht wurde, nahm ich sofort das Brot und den Nachtisch und gab sie der Flugbegleiterin zurück, die sie mir gebracht hatte. Problem gelöst.

Auf die Details achten

Sie denken vielleicht, das wären eine Menge Details und Sie sind sich gar nicht sicher, ob Sie so viel über meinen Handlungsplan wissen wollten, aber ich sage Ihnen, wenn Sie den gesamten Prozess durchlaufen und Ihren eigenen Handlungsplan entwerfen, werden Sie feststellen, dass einige der Ziele dieses Ausmaß an Details benötigen – und andere Ziele in diesem Moment für Sie einfach nicht praktisch umzusetzen sind. Ergibt es nicht mehr Sinn, ein Ziel zu eliminieren, nachdem Sie eineinhalb Stunden daran gearbeitet haben, als sechs Monate danach zu streben und dann frustriert aufzugeben?

☑ Ein Ziel richtig setzen, bedeutet, es schon halb erreicht zu haben.

Ich will, dass Sie völlig darauf ausgerichtet sind, was *jetzt im Moment* für Sie wichtig ist und woran Sie arbeiten müssen, um Ihre Objektive zu erreichen. Dabei sind die Details absolut entscheidend.

Ich kann Ihnen in die Augen sehen und reinen Gewissens sagen, dass ich seit dem 1. Dezember 1986, mit Ausnahme von drei Tagen im letzten Juni und einem Tag im letzten Februar, jeden einzelnen Tag an meinen Zielen gearbeitet habe. Ich kann Ihnen sagen, wo ich gewesen bin, was ich getan habe, woran ich arbeitete und was ich erreicht habe.

Ich bin sehr gewissenhaft, was meine Ziele angeht. Seit Jahren habe ich daran gearbeitet. Ich kann Ihnen ohne Einschränkung sagen: Wenn Sie es auf diese Art und Weise tun, wenn Sie jeden Abend bestimmte Schritte unternehmen, sobald Sie diese Ziele gesetzt haben, werden Sie dramatisch mehr erreichen, als Sie bisher erreicht haben.

Denken Sie daran, mein Freund, ein Ziel, das man richtig gesetzt hat, ist schon halb erreicht.

Das Ziel ins Auge fassen

1. Haben Sie in schriftlicher Form – auf Papier geschrieben, nicht in Ihrem Computer oder iPad – alles notiert, was Sie sein, tun oder haben wollen? Wenn nicht, tun Sie es jetzt und hier:

2. Stellen Sie sich nun die Frage, wieso Sie diese spezifischen Ziele aufgelistet haben. Sind es nur launenhafte Wünsche oder steckt ein ernsthaftes *Verlangen* dahinter, das Ihr Leben verbessern wird? Beschriften Sie jedes mit ›W‹ für Wunsch oder ›V‹ für *Verlangen.*

3. Nun müssen Sie einige Ziele eliminieren, nachdem Sie sich bei allen diese Fragen gestellt haben:

- Wird es mich glücklicher machen, wenn ich dieses Ziel erreiche?
- Wird es mich gesünder machen, dieses Ziel zu erreichen?
- Werde ich wohlhabender, wenn ich dieses Ziel erreiche?
- Wird es mir mehr Sicherheit geben, wenn ich dieses Ziel erreiche?
- Werde ich mehr Freunde haben, wenn ich dieses Ziel erreiche?
- Wird es mir Geistesfrieden bringen, wenn ich dieses Ziel erreiche?
- Und wenn Sie Familie haben, wird es Ihre familiären Beziehungen verbessern, wenn Sie dieses Ziel erreichen?

Streichen Sie Ziele mit Bleistift durch, denn Sie wollen diese Ziele vielleicht später in Ihrem Leben erneut unter die Lupe nehmen.

4. Listen Sie Ihre langfristigen Ziele und Ihre dauerhaften Ziele auf, gemäß der Beschreibungen jedes einzelnen Ziels in diesem Kapitel.

5. Stellen Sie sich bei den Zielen, die übrig bleiben, die folgenden fünf Fragen:

- Ist das wirklich **mein** Ziel?
- Ist das Ziel moralisch richtig und fair gegenüber allen Beteiligten?
- Wird dieses Ziel mich näher an mein Hauptlebensziel bringen?
- Kann ich mich emotional ganz diesem Projekt verschreiben und es nicht nur beginnen, sondern auch beenden?
- Kann ich mich selbst in meiner Vorstellung sehen, wie ich dieses Ziel erreiche?

6. Wenn Sie all die Schritte bedenken, die Sie unternommen haben, um Ziele aufzulisten und diese dann zu eliminieren, wählen Sie vier Ziele, bei denen Sie das Gefühl haben, Sie können und wollen sie erreichen:

1) ____

2) ____

3) ____

4) ____

Notieren Sie nun die Antworten auf die folgenden Fragen für alle vier Ziele:

- Welchen Nutzen habe ich davon?

  ____

- Was sind die Hindernisse?

  ____

- Welches Wissen oder welche Fertigkeiten brauche ich?

  ____

- Wer muss noch daran beteiligt sein?

  ____

- Wie sieht mein Handlungsplan aus?

  ____

Ihre ungezügelten Ideen

KAPITEL 3

EINE FORMEL FÜR JEDEN TAG

Eine Person, die sich einer Sache ganz verschreibt, ist mehr wert als hundert, die nur ein Interesse daran haben.

Mary Crawley

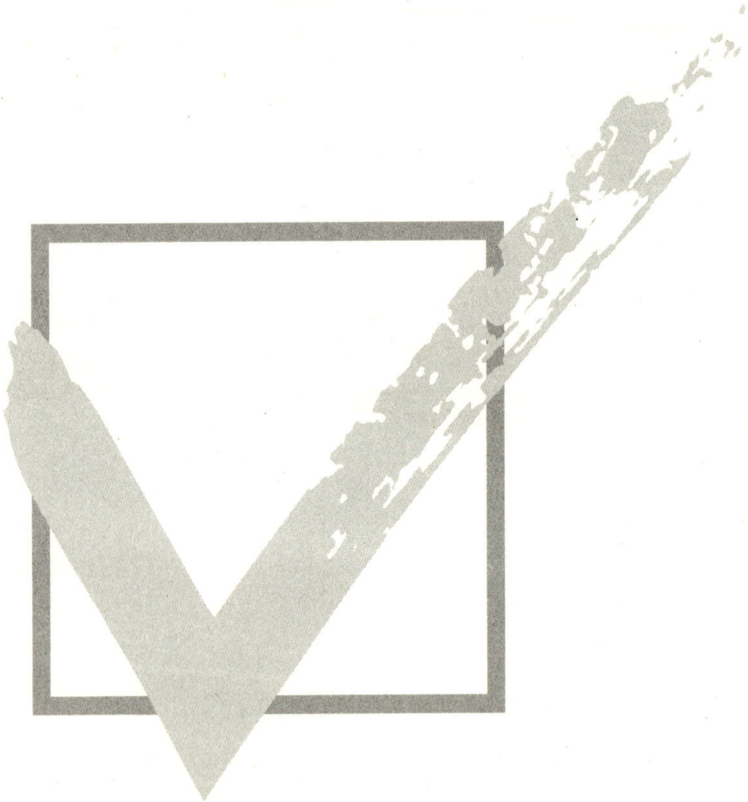

Nachdem Sie sich Ihre Ziele *gesetzt* haben, gibt es eine Formel, die Sie nutzen können, um diese Ziele zu *erreichen*. Dieses Kapitel bietet Ihnen Anleitungen, wie Sie Tag für Tag Ihren Zielen näherkommen können. Zuerst einmal bin ich überzeugt, dass Menschen, die sich der Aufgabe verschreiben, ihre Ziele zu erreichen, diejenigen sind, die sie erreichen werden.

> **Menschen, die sich der Aufgabe verschreiben, ihre Ziele zu erreichen, sind diejenigen, die sie erreichen werden.**

Schritt 1: Engagement

Vor einigen Jahren wurde ein junger Trainer an der Universität von South Carolina nach seiner ersten Saison gefeuert. Der Cheftrainer teilte ihm nicht nur mit: »Sie haben hier keinen Platz mehr«, sondern gab ihm auch den Rat, den Trainerberuf aufzugeben und sagte zu dem jungen Mann: »Sehen wir den Tatsachen ins Auge, Sie haben einfach nicht das Zeug dazu.«

Aber der junge Trainer hatte sich ein Ziel gesetzt. Er hatte sich dieser Sache voll und ganz verschrieben. Er nahm sich vor: »Eines Tages werde ich an der Universität von Notre Dame Trainer sein.« Ohio State gab ihm dann eine Chance und er war dort einige Jahre Assistenztrainer. Dann rief ihn das William-and-Mary-College an und er wurde Cheftrainer. Die State University von North Carolina berief ihn danach; er arbeitete dort vier Jahre und sie hatten mit nur einer Niederlage die beste Bilanz, die das Team je gehabt hatte.

Von dort aus wechselte er ins Profigeschäft und trainierte eine Saison lang die New York Jets, aber er vermisste es, Jugendliche zu unterrichten und ihnen zu helfen, ihren Charakter zu entwickeln. Die Universität von Arkansas berief ihn. Er hatte dort eine phänomenal erfolgreiche Karriere und führte das Team zu ihrer erfolgreichsten Spielbilanz aller Zeiten mit nur einer Niederlage. Als er mit dem Team gegen die Universität von Oklahoma im Orange-Bowl-Stadion antrat, spekulierten die Medien, dass es eine Niederlage werden würde und Oklahoma einfach zu stark war. Um das Problem noch zu erschweren, wurden drei Offensivspieler, die gesamte Offensive des Teams von Arkansas, mit einer Frau im Zimmer erwischt. Es gab eine Untersuchung und die Vorwürfe erwiesen sich als wahr. Der Trainer feuerte sofort alle drei Spieler.

Die Medien spekulierten erneut, dass er die Einladung in die Orange Bowl ablehnen sollte und den Weg für jemand anderen freimachen, der ein würdiger Gegner für das Team aus Oklahoma wäre. Aber der Trainer war engagiert. Er sah sich das Team an, das ihm geblieben war und machte sich keine Sorgen darüber, was er *nicht* hatte. Er betonte das Positive und entwickelte einen spezifischen Spielplan. Der Rest ist Geschichte – sie gewannen das Spiel mit großem Vorsprung.

Er verließ die Universität von Arkansas und wurde der Cheftrainer an der Universität von Minnesota. Als er die Einladung von Minnesota annahm, sagte er, er würde die Stelle nur antreten, wenn sie ihn unter zwei Bedingungen wieder gehen ließen – wenn er das Team aus Minnesota innerhalb von zwei Jahren zu einem Bowl Game (A.d.Ü.: Footballspiel, zu dem nur Top-Teams per Einladung ausgewählt wurden) führen würde und die Universität von Notre Dame ihn anrief, um ihr Cheftrainer zu werden. Er setzte sich erneut Ziele. Nun, zwei Jahre später wurde die Universität von Minnesota zu einem Bowl Game eingeladen und die Universität von Notre Dame berief ihn auf den Cheftrainerposten.

Das Interessante dabei ist Folgendes: Die Universitätsleitung von Notre Dame wusste, dass sie diesen Trainer für ihr Team haben wollten an dem Tag, als er die drei Spieler aus seinem Team an der Universität von Arkansas entlassen hatte, was Jahre zurücklag. Sie hatten ihre Entscheidung an diesem Tag getroffen, denn sie sagten sich, dass er ein Mann war, der Charakter- und Führungsstärke fördern wollte. Einen solchen Mann wollen wir als Trainer – das nächste Mal, wenn wir eine freie Stelle als Cheftrainer an der Universität von Notre Dame zu besetzen haben, werden wir ihn berufen. Ich rede natürlich von Lou Holtz.

Zufälligerweise kenne ich Lou sehr gut. Er sagte, er habe nie an seiner Entscheidung gezweifelt, als er diese drei Spieler entließ. Es war das Richtige. Ich will damit nur sagen, *wenn Sie ein solides Fundament haben, entsprechend engagiert sind und solide Zielsetzungen haben, ist die Chance viel größer, dass Sie Ihr Ziel erreichen werden.* Aber Sie brauchen Engagement.

> **Wenn Sie ein solides Fundament haben, entsprechend engagiert sind und solide Zielsetzungen haben, ist die Chance viel größer, dass Sie Ihr Ziel erreichen werden.**

Mein Engagement

Als ich das Buch *See You at the Top* schrieb, lauteten die ersten Worte, wie bereits erwähnt: »Sie können gehen, wohin Sie wollen, Sie können tun, was Sie wollen. Sie können sein, wer Sie sein wollen.« Als ich an dem Teil des Buches arbeitete, in dem es um Zielsetzungen ging, schrieb ich, dass ich 75 Kilogramm wog und Bundgröße 34 trug. In dem Moment, in dem ich es aufschrieb, hatte ich tatsächlich 104 cm Bauchumfang und wog über 90 Kilogramm. Ich hatte mir fest vorgenommen, dieses Gewicht loszuwerden und ließ es in Buchform drucken, dass ich es auch tun würde.

Nicht nur das, aber als ich die erste Zusammenfassung des Buches vollendet hatte und die Kapitelüberschriften aufgeschrieben sowie einen kleinen Teil des Inhalts, schickte ich es an drei große Verlage und glaubte sicher, dass sie wirklich begeistert sein würden, diesen Manuskriptentwurf eines unbekannten Autors zu erhalten. Ich wusste einfach, dass diese drei Verlage sich vermutlich einen Bieterkrieg liefern würden und darum kämpfen, wem die Ehre zuteilwurde, mein Buch verlegen zu dürfen. Sie können sich meinen Schock, meinen Ärger und meine Enttäuschung vorstellen, als ich Briefe von allen drei erhielt, in denen sie sagten, sie glaubten nicht, dass sich das Buch verkaufen würde.

Nun, ich wusste es besser. Aber es ist das eine, wenn ich zu einem Verleger sage: »Wie wäre es, wenn Sie es herausbringen und wenn es sich verkauft, müssen Sie mir keine Prozente geben. Und wenn es sich nicht verkauft, tja, dann tut es mir sehr leid.« Es ist das eine, wenn ich sie dazu bringe, Ihr Geld zu investieren; aber die andere Frage war: Glaubte ich wirklich an die Philosophie, über die ich im ganzen Land Vorträge gehalten habe? Glaubte ich wirklich, dass sich das Buch verkaufen würde? Ich musste eine Entscheidung treffen.

Ich beschloss, es selbst zu verlegen. Ein Freund sagte, wenn ich 25.000 Stück verkaufen könnte, hätte ich einen Bestseller. Diese Aussicht hatte eine enorme Anziehungskraft. Ich beschloss, 25.000 Exemplare drucken zu lassen. Ich weiß ja nicht, wie viel Ahnung Sie vom Verlagswesen haben, aber ich kann Ihnen zwei Dinge mit Sicherheit sagen. Erstens wird Sie das erste Exemplar mehr kosten als die nächsten 24.999. Zweitens kosten diese 24.999 Exemplare eine Menge Geld, besonders, wenn Sie dieses Geld gar nicht haben. Ich entschied dennoch, an meinem Glauben festzuhalten, dass sich das Buch verkaufen würde. Also setzte ich meinen Plan um und verlegte das Buch. Das ist Engagement.

Können Sie sich vorstellen, was passiert, wenn ich ein Lager voller Bücher habe, in denen steht, dass ich 75 Kilogramm wiege und dann komme ich herausgewatschelt und wiege über 90? Ich hätte immer noch ein Lager voller Bücher. Ich verrate Ihnen etwas über die menschliche Natur. Wenn ich Sie einmal belüge, werden Sie hinterher hinter alles ein Fragezeichen setzen, was ich Ihnen erzähle. Genauso ist es umgekehrt – wenn Sie mich einmal belügen und ich weiß, dass es eine gezielte Lüge war, werde ich hinter alles, was Sie mir danach erzählen, ein Fragezeichen setzen. Hätte ich nicht dieses Gewicht verloren, könnte ich mir gut eine Menge Menschen vorstellen, die mein Buch lesen – in dem ich geschrieben habe, dass ich 75 Kilogramm wiege – und dann einen Blick auf mich werfen und sehen, dass ich über 90 wiege. Zweifellos würden sie sich fragen, worüber ich sonst noch gelogen habe. Also verlor ich das Gewicht, genauso, wie ich mich der Aufgabe verschrieben hatte.

Mein Freund, Sie müssen sich ganz Ihrem Ziel verschreiben, wenn Sie erwarten, es auch zu erreichen.

Schritt 2: Verantwortung

Der nächste Schritt besteht darin, täglich detaillierte Aufzeichnungen anzufertigen, um zu sehen, ob Sie verantwortlich handeln. Ich kann es auf viertausend verschiedene Arten ausdrücken, aber letztlich geht es darum: Wenn Sie sich nicht selbst disziplinieren, und das auf täglicher Basis, und Aufzeichnungen darüber anfertigen, was Sie tun, stehen die Chancen schlecht, Ihr Ziel zu erreichen. Sie werden einfach aus den Augen verlieren, was Sie selbst für sich als sehr wichtig verkündeten. Jeden Abend sollten Sie deshalb Ihre Pläne für den nächsten Tag aufschreiben.

Peter Drucker machte eine Beobachtung über Zeitmanagement und hielt Vorträge mit dem Titel »Kenne deine Zeit«. Er sagte: »Zeit ist die rarste Ressource, und wenn man sie nicht managt, kann nichts anderes gemanagt werden.« Und: »Wenn Sie Ihr Zeitmanagement verbessern wollen, hören Sie auf, Dinge zu tun, die nicht getan werden müssen!«

Also denken Sie daran, dass Sie nur an vier bis sechs Punkten der Liste Ihrer Ziele arbeiten sollten. Einmal die Woche sollten Sie einen Blick auf diese Ziele werfen und entscheiden, an welchem oder welchen Sie in dieser Woche arbeiten wollen. In meinen Leistungsplan schreibe ich, wenn ich im Verlauf dieser Woche an einem bestimmten Tag nichts für ein bestimmtes Ziel getan habe, in roter Tinte das Wort »Nichts«. Am Ende der Woche muss ich nur einen Blick darauf werden und weiß sofort, ob ich mir Ärger einhandle. Wenn ich einmal einen Tag versäume, ist das keine große Sache. Wenn ich zwei Tage nichts gemacht habe, sollte ich besser in mich gehen und mir meine Gedanken machen, denn ich steuere auf Ärger zu. An dieser täglichen, detaillierten Überprüfung Ihrer eigenen Verantwortung sollten Sie ernsthaft arbeiten. Es wird nur zehn Minuten jeden Abend in Anspruch nehmen.

Wenn Sie Ihre Ziele erreichen wollen, müssen Sie mit einem soliden Fundament beginnen, das aus Ehrlichkeit, Charakterstärke, Integrität, Loyalität, Vertrauen, Liebe und Glauben besteht.

Schritt 3: Ein solides Fundament

Wenn Sie Ihre Ziele erreichen wollen, müssen Sie mit einem soliden Fundament beginnen, das aus Ehrlichkeit, Charakterstärke, Integrität, Loyalität, Vertrauen, Liebe und Glauben besteht. Als ich einmal in Calgary in Kanada war, hatte ich die Gelegenheit, im Restaurant des Calgary Tower ein Abendessen einzunehmen. Als wir in den Aufzug traten, wurde eine Tonbandaufnahme abgespielt, die besagte, dass der Turm 190 Meter hoch ist. Ich konnte mir diese Höhe nur vorstellen, indem ich an zwei Footballfelder dachte und noch acht Meter dazu. Das kann ich mir vorstellen, also hatte ich dieses Bild im Kopf. Dann hieß es auf dem Tonband, dass der Bau 13.000 Tonnen wiegt und 7.000 davon unterirdisch liegen. Wenn man ein solches Fundament hat, kann man 190 Meter in die Höhe oder noch höher bauen.

In jeder Stadt der Welt kann ein guter Ingenieur sich ein Loch im Boden ansehen und einem sagen, wie breit, lang und hoch das künftige Gebäude sein wird – nur, indem er sich ansieht, was für ein Fundament es haben wird.

Mir ist egal, ob Ihre Zukunft im Bereich Sport, Unterhaltung, Musik, Verkauf, Bildung, im juristischen oder medizinischen Bereich liegt. Es macht keinen Unterschied, wie Ihre Zukunft und Ihre Ziele aussehen. Aber: Ich kann Ihnen eines mit Sicherheit sagen, wenn Sie ein solides Fundament haben, um darauf aufzubauen, steigen die Chancen dramatisch, dass Sie Ihre Ziele erreichen. Diese Prinzipien funktionieren für eine Nation, eine Familie, für Individuen und für Unternehmen. Sie müssen ein solides Fundament haben.

Dr. Mortimer Feinberg schrieb ein Buch mit dem Titel *Corporate Bigamy*. In diesem Buch erzählt er davon, dass er einhundert Top-CEOs von Fortune-500-Unternehmen – eine jährliche Liste, die 500 der größten US-Unternehmen nach ihrem Gesamtumsatz in einer Rangliste aufführt – interviewt hat. Dr. Feinberg stellte die Frage: »Was ist nötig, um in Ihrem Beruf an die Spitze zu kommen und dort zu bleiben?« Und die übereinstimmende Meinung war folgende: Man errichtet eine erfolgreiche Karriere auf einer Basis von Ehrlichkeit, Charakterstärke, Integrität und Motivation. Sie fassten es zusammen, indem sie sagten, dass jeder, der unehrlich ist und glaubt, an die Spitze kommen zu können, dumm ist. Deutlicher kann man es nicht ausdrücken.

Und doch werden mehr als 70 Prozent aller Unternehmer im Fernsehen – mit den Frauen geht man nicht so hart ins Gericht – als Trickbetrüger und/oder Gauner dargestellt, das genaue Gegenteil der Wahrheit.

Schritt 4: Wortschatz

Wenn Sie Ihre Ziele erreichen wollen, müssen Sie Ihren Wortschatz vom Negativen zum Positiven ändern. Denken Sie daran, dass der Wecker der Möglichkeiten jeden Morgen um 5:30 Uhr klingelte und ich aufstand und joggte. Viele Leute haben mich gefragt: »Hast du es während der Zeit tatsächlich genossen, aufzustehen und joggen zu gehen?« Ich kann Ihnen sagen, ich hasste es.

Ich streckte den Arm aus, schaltete den Wecker ab, lag ein paar Momente da und dachte mir: *Ziglar, was soll das eigentlich, dass ein 46 Jahre alter Fettsack wie du aufsteht und durch die ganze Nachbarschaft rennt?* Dann warf ich einen Blick nach unten auf meine 104 Zentimeter Bauchumfang und dachte: *Willst du wirklich so aussehen oder willst du aussehen wie der Typ in den Jockey Shorts?* Nun, ich wollte nicht so aussehen, wie ich es tat, also krabbelte ich aus dem Bett und fühlte mich wie ein Märtyrer. Ich zog das schicke Joggingoutfit an, ging durch die Vordertür und begann meine Joggingrunde. Aber ich grummelte die ganze Strecke über: *Was mache ich hier? Versuche ich, mich umzubringen? Aber ich habe ja gesagt, dass ich es tun will … also werde ich es tun.*

☑ **Wenn Sie Ihre Ziele erreichen wollen, müssen Sie Ihren Wortschatz vom Negativen zum Positiven ändern.**

Oh, und Sie sollten nicht auch nur eine Minute annehmen, dass ich nicht überall im ganzen Land den Leuten erzählt habe, welches Opfer ich brachte. Wie ich am Morgen aufstand und diese Sache durchzog, weil ich es mir vorgenommen hatte – und wenn ich mir etwas fest vorgenommen habe, werde ich es tun. Wenn ich es einmal gesagt habe, habe ich es tausendmal gesagt. Ich erhob die Stimme und sagte: »Sie müssen den Preis dafür bezaaaahlen!« Was für ein Käse.

Die Realität holte mich an einem schönen Frühlingstag ein, als ich in Portland, Oregon, war. Es war etwa 25 Grad warm und ich joggte auf dem Campus der Portland State University. Plötzlich fiel mir auf, wie frei ich atmete und wie der Boden mühelos unter meinen Füßen dahinflitzte.

Und an diesem Tag, mein Freund, verstand ich zum ersten Mal, dass man nicht den *Preis* für seine Gesundheit bezahlt, sondern sich *an den Vorteilen guter Gesundheit erfreut*. Man zahlt nicht den Preis für den Erfolg, man zahlt den Preis fürs Versagen – *man genießt die Vorteile des Erfolgs*. Man *bezahlt* nicht den Preis für eine gute Ehe, man bezahlt den Preis für eine schlechte – man *genießt die Vorteile einer guten Ehe*.

Wenn Sie wirklich Ihre Ziele erreichen wollen, müssen Sie Ihren Wortschatz ändern, weg vom Negativen, hin zum Positiven. Das müssen Sie wirklich.

> ☑ **Man *bezahlt* nicht den *Preis* für seine Gesundheit, sondern *erfreut sich an den Vorteilen guter Gesundheit*. Man *zahlt* nicht den *Preis* für den Erfolg, man zahlt den Preis für Versagen – *man genießt die Vorteile des Erfolgs*.**

Schritt 5: Kleine Happen

Wenn Sie Ihre Ziele erreichen wollen, teilen Sie die Reise in kleine Happen auf. Als ich das Buch schrieb und Gewicht verlor, sagte mir der Arzt, dass ich 17 Kilogramm abnehmen sollte, aber er sagte mir nicht, wie lange das dauern sollte. Ich schrieb damals das Buch und dachte mir, basierend auf dem, was ich bereits geleistet hatte, dass es zehn Monate dauern würde, dieses Buch zu schreiben. Also dachte ich: *Nun, wenn es zehn Monate dauern wird, das Buch zu schreiben, werde ich einfach das Gewicht verlieren, während ich schreibe. Ich teile es auf und werde 1,7 Kilogramm im Monat verlieren.* Vergessen Sie nicht, Sie müssen sich selbst so sehen können, als wären Sie bereits am Ziel angelangt. Sie müssen sich emotional voll engagieren – um das Ziel zu visualisieren und zu glauben, dass Sie es erreichen können.

Ich wusste, dass ich 1,7 Kilogramm im Monat verlieren konnte. Das ist nicht einmal ein halbes Kilogramm in der Woche. Also war ich absolut zu hundert Prozent zuversichtlich, dass ich es tun konnte. Ich war so zuversichtlich, dass ich mir 29 Tage nicht einmal die Mühe machte, damit anzufangen.

Kennen Sie jemanden, der alles nur halbherzig macht oder sich denkt, »komm' ich heut' nicht, komm' ich morgen«? Das sind diejenigen, die etwas anfangen und es nur mit halber Kraft machen. Diese Leute enden dann nach dem Motto, »komm' ich heut' nicht, komm' ich niemals«. Sie haben immer Ausreden: dass die Kinder sie zu sehr beschäftigen; dass gerade Feiertage sind; dass die Footballsaison noch nicht vorbei ist; dass das Wetter zu schlecht oder zu gut ist; dass die Familie ihre Zeit in Anspruch nimmt; dass gerade Sommerurlaub ist, und so weiter.

Mein Freund, wenn Sie darauf warten müssen, dass Ihre Tante auszieht oder Ihr Partner die Tagschicht übernimmt, oder Sie darauf warten, dass die Vorwahlen vorbei sind; der neue Senator gewählt ist; die Zinsen fallen oder die Inflation sinkt; die neue Werbekampagne gestartet ist; das neue Modell herausgekommen ist – wenn Sie jemand sind, der auf eine Veränderung »da draußen« wartet, bevor er selbst eine innere Entscheidung trifft oder in Aktion tritt, dann verschwenden Sie wertvolle Zeit. Beginnen Sie jetzt sofort.

Nachdem ich 29 Tage verschwendet hatte, stellte ich fest, wenn ich 2,5 Zentimeter und 25 Gramm am Tag verlieren würde, hätte ich nach weiteren zehn Monaten das Gewicht verloren. Und das ist genau, was passierte.

Zurück zu meinem Buch. *See You at the Top* hat 384 Seiten. Wenn man die übersetzten Ausgaben mitzählt, wurde es mehr als zwei Millionen Mal verkauft, wie bereits erwähnt. Ich habe eineinviertel Seiten am Tag geschrieben und das jeden Tag für zehn Monate. Ich habe jeden Tag einen kleinen Happen gemacht.

> ☑ **Wenn Sie jemand sind, der auf eine Veränderung »da draußen« wartet, bevor er selbst eine innere Entscheidung trifft oder in Aktion tritt, dann verschwenden Sie wertvolle Zeit. Beginnen Sie jetzt sofort.**

Wie machen Sie eine Ehe zu etwas Wunderbarem? Es sind nicht die großartigen Flitterwochen, das tolle Weihnachtsfest oder der teure Urlaub, es sind die alltäglichen Handlungen, die Zeit brauchen und Respekt, Zuneigung und Höflichkeit gegenüber dem anderen ausdrücken. Man zieht Kinder positiv auf in einer negativen Welt, indem man ihnen tägliche kleine Portionen Liebe, Richtung und Sorge gibt. Sie schaffen eine herausragende Karriere, unabhängig von Ihrem Berufsfeld, indem Sie die kleinen Dinge verrichten, die zählen und etwas Positives bewirken. Es geht darum, kleine Happen zu machen, die bestimmen, ob man sein Ziel erreicht oder nicht.

> ☑ **Knausern Sie mit Ihrer Zeit.**

Ich will Folgendes betonen – ich rede tatsächlich davon, in eine bestimmte Richtung zu gehen und die eigene Zeit zu organisieren. Ich schlage vor, dass Sie mithilfe dieser Prozeduren die Kontrolle über Ihre Zeit übernehmen. Man sagt, dass neunzig Prozent aller Selbstständigen, besonders in der Welt des Verkaufs und der unternehmerischen Organisationen, im medizinischen und rechtlichen Bereich, und vielen anderen Feldern dem Diktat und der Willkür nahezu jeder Person unterliegen, die sich an sie wendet und ihre Zeit in Anspruch nimmt und ihnen etwas zu tun gibt. Sie wissen nicht, wie man sich vor diesen Menschen schützt, die Ihre Zeit verschwenden. Wenn wir in unserem Leben eine Richtung haben, kontrollieren wir es. Sie müssen *knausrig mit Ihrer Zeit werden*.

Schritt 6: Bringen Sie sich in Form

Wenn Sie Ihre Ziele erreichen wollten, müssen Sie sich in Form bringen. Es gibt zahlreiche Studien, die bestätigen, dass es unter den erfolgreichsten Menschen der Vereinigten Staaten definitiv eine Korrelation zwischen dem körperlichen, mentalen und spirituellen Zustand gibt und dem Ausmaß, in dem sich Menschen um ihren physischen Zustand kümmern.

Ein enger Freund von mir, Dr. Forest Tennant, ist einer der anerkanntesten Drogenexperten in diesem Land. Als Howard Hughes und Elvis Presley starben, wurden die Autopsieberichte an Dr. Tennant geschickt. Er hat eines der größten Forschungsteams und arbeitet als Berater für die NFL, NASCAR, die Los Angeles Dodgers, das Justizministerium, und so weiter. Dr. Tennant arbeitet mit den führenden Kräften im Unternehmensbereich.

Er sagt, dass CEOs nahezu niemals Zigaretten rauchen, starken Alkohol trinken oder Drogen konsumieren. Nicht nur das, eine Studie ergab, dass sie mehr Interesse an den spirituellen Dingen des Lebens haben als die Durchschnittsbevölkerung. Darüber hinaus verschreiben sich diese erfolgreichen Menschen ganz dem, was sie tun, also haben sie keine Zeit für Unsinn und verbringen die Zeit lieber mit ihrer Familie.

Wir müssen uns körperlich, mental und spirituell in Form bringen – diese Bereiche sind alle sehr eng verbunden. Ich bin eine Art Fanatiker, wenn es um die körperliche Fitness geht, denn sie hat einen so entscheidenden Einfluss auf mein Leben gehabt. Mein Energiepegel ist heute so viel höher. Ich kann Dinge im Alter von 61 tun, die ich nicht zustande brachte, als ich 25 war. Damit will ich nur sagen, dass in Ihnen ein unglaubliches Potenzial steckt – physisch, mental und spirituell.

Es ist nicht leicht, aber wenn Sie zu sich selbst hart sind, wird das Leben für Sie beträchtlich leichter werden.

Schritt 7: Mit Enttäuschungen umgehen

Wenn Sie wirklich Ihre Ziele erreichen wollen, müssen Sie wissen, wie Sie auf Enttäuschungen reagieren. Im Herbst 1987 spielte das Team der Universität von Notre Dame gegen die Penn-State-Universität. Sie waren im vierten Viertel und Penn State lag vorn. Notre Dame war auf dem Weg in die Endzone. Ich bewundere den Trainer von Penn State, Paterno, sehr, aber Lou Holtz ist ein Freund von mir.

☑ **Es ist nicht wichtig, was uns widerfährt; wichtig ist, wie wir mit dem umgehen, was uns widerfährt.**

Ich drückte Notre Dame fest die Daumen und sie kämpften sich das gesamte Feld entlang. Es war noch eine Minute zu spielen. Der Tight End von Notre Dame spielte sich frei und gelangte bis in die Endzone. Der Quarterback erreichte ihn mit einem Pass. Genauer gesagt, er traf seine Hände. Fängt er ihn, gewinnt Notre Dame. Lässt er ihn fallen, gewinnt Penn State. Er konnte den Ball nicht festhalten und ließ ihn fallen. Zehn der elf Spieler von Notre Dame taten alles, was sie tun sollten. Einer ließ den Ball fallen.

Es ist interessant, wenn man sich ansieht, was mit einem jungen Mann im Leben passiert, der den Ball fallen lässt und was mit einem Quarterback passiert. Ich kannte Lou Holtz sehr gut. Er war weise, hatte jede Menge Mitgefühl, war geschickt in zwischenmenschlichen Beziehungen und verfügte über ein natürliches Gespür für Fairness, also konnte ich mir vorstellen, dass er dem jungen Mann sicher gesagt hatte, er solle das Geschehene einfach abhaken und hinter sich lassen.

Diese Geschichte erzähle ich aus zwei Gründen. Es gibt Gelegenheiten im Leben, wenn man alles tut, was man tun sollte – und jemand anderes lässt den Ball fallen. Das ist ein Teil des Lebens. Aber *es ist nicht wichtig, was uns widerfährt; wichtig ist, wie wir mit dem umgehen, was uns widerfährt.*

☑ Motivation folgt auf Aktion.

Schritt 8: Disziplin

Wenn Sie Ihre Ziele erreichen wollen, müssen Sie sich selbst disziplinieren. Was ich Ihnen nun vorschlage, wird zum Schwierigsten gehören, was Sie je im Leben getan haben. Wenn Sie am Morgen aufstehen, müssen Sie Ihren Zielplaner oder Performanceplan oder was immer Sie sonst dafür verwenden, hervorholen und unter Ihr Kopfkissen legen. Wenn Sie sich am Abend ins Bett legen, sollten Sie nicht einschlafen, bevor Sie sich zehn Minuten Zeit genommen haben, um aufzuschreiben, was Sie an diesem Tag getan haben und die nächsten sechs Dinge planen, an denen Sie morgen arbeiten wollen. Sie müssen sich selbst disziplinieren, um das durchzuhalten.

Viele Menschen sagen: »Ich tue es, wenn ich die Motivation dazu habe.« Aber *Motivation folgt auf Aktion.* Motivation erzeugt außerdem auch Energie. Dr. Tennant sagt, wenn man Joggen geht, aktiviert man die Hypophyse. Die Hypophyse überschwemmt dann das Gehirn mit Endorphinen und das kann eine der aufregendsten Erfahrungen für Sie an diesem Tag sein. Disziplinieren Sie sich selbst, um alle Aspekte Ihres Lebens in Form zu bringen.

Schritt 9: Richtung

Ich habe das Thema schon ansatzweise behandelt. Was tun Sie, wenn Sie auf Hindernisse stoßen? Ändern Sie die Richtung, um Ihr Ziel zu erreichen – aber ändern Sie nicht Ihre Entscheidung, dorthin zu gelangen.

Schritt 10: Teilen Sie anderen Ihre Ziele mit

Sie sollten einige Ziele anderen mitteilen und andere Ziele nicht. Über die Jahre wurde mir eine Frage mehr als fast jede andere gestellt: »Wem sollte ich von meinen Zielen erzählen?«

Es gibt eine Grundregel, die nicht in Stein gemeißelt ist, aber einiges für sich hat, wie ich finde: Seien Sie sehr vorsichtig, wenn es darum geht, Ihre »Aufstiegs«-Ziele anderen mitzuteilen. Wenn Sie ein Star-Quarterback, ein Top-Verkäufer, ein Schriftsteller, ein Komponist werden wollen – erzählen Sie davon nur Individuen, bei denen Sie guten Grund haben, anzunehmen, dass sie Sie bei Ihren Zielen unterstützen.

Man nehme zum Beispiel zwei Verkäufer, John und Paula, die für das gleiche Unternehmen arbeiten und dasselbe Produkt verkaufen, und John sagt zu Paula: »Ich werde dieses Jahr die Nummer eins! Ich werde mehr verkaufen als jeder andere!« Nun, Paula wird ihn bei diesem Ziel nicht unterstützen, denn sie will selbst die Nummer eins sein. Wenn aber John sein Ziel dem Verkaufsmanager mitteilt, wird ihm der Manager die Art von Ermutigung geben, die John braucht. Seien Sie vorsichtig, wem Sie Ihre Aufstiegsziele mitteilen. Lassen Sie nur Leute davon wissen, die Ihnen die nötige Unterstützung zuteilwerden lassen.

Andererseits können Sie Ihre »Aufgabe«-Ziele jedem mitteilen. Aufgabeziele sind Ziele, bei denen Sie etwas aufgeben wollen, wie Rauchen, Trinken, zu viel zu essen, jähzornig zu sein, unhöflich zu sein, und so weiter. Wenn es ein Aufgabeziel ist, hat es mit Selbstverbesserung zu tun. Lenken Sie dabei ruhig die Aufmerksamkeit auf sich und verlangen Sie nach Hilfe. Es kann nützlich sein, wenn einem andere helfen, die eigenen Aufgabeziele im Blick zu behalten – ebenso hilfreich, wie ein Teamplayer zu sein.

> ☑ **Seien Sie vorsichtig, wem Sie Ihre Aufstiegsziele mitteilen. Lassen Sie nur Leute davon wissen, die Ihnen die nötige Unterstützung zuteilwerden lassen.**

Schritt 11: Ein Teamplayer sein

Um Ihre Ziele zu erreichen, müssen Sie ein Teamplayer werden. Haben Sie jemals einen Schwarm Kanadagänse über sich hinwegziehen sehen? Wenn Sie genau hinsehen, werden Ihnen zwei Dinge auffallen. Erstens fliegen sie in einer V-Formation. Zweitens ist ein Schenkel des Vs größer als der andere. Und drittens scheint gelegentlich leichte Verwirrung im Schwarm zu herrschen.

Sind Ihnen diese Details aufgefallen? Haben Sie sich je gefragt, wieso ein Schenkel des Vs länger ist als der andere? Offensichtlich fliegen dort mehr Gänse. Der Grund, wieso sie in einer V-Formation fliegen, ist, dass die V-Formation laut Windkanalexperimenten den Gänsen erlaubt, etwa 70 Prozent weiter zu fliegen, als sie es sonst gekonnt hätten. Und der Grund für die scheinbare Verwirrung im Schwarm liegt darin, dass die vordere Gans müde wird, weil sie gegen den Gegenwind ankämpfen muss. Deswegen darf sich der Anführer immer wieder ausruhen und das verursacht die Veränderung im Schwarm. Sie arbeiten zusammen, um dorthin zu kommen, wo sie hinfliegen wollen – es ist Teamarbeit.

Ich habe bereits Joe Paterno erwähnt, den Footballtrainer von Penn State. Als er Trainer war, war sein Team eine der am meisten auf Teamwork ausgerichteten Mannschaften im Land. Wenn Sie Footballfan sind, ist Ihnen vermutlich aufgefallen, dass die Trikots von Penn State nicht die schicksten sind, verglichen mit den Trikots anderer Collegeteams. Tatsächlich rangieren sie dabei relativ weit unten. Joe Paterno ist einer der wenigen Trainer, der nicht die Namen der Spieler auf die Trikots schreiben lässt. Sie tragen nur Nummern. Sie suchen nicht nach dem einen herausragenden Star, sie suchen nach herausragenden Spielern – innerhalb des Teamkonzepts. Als 1988 die Penn State gegen die Universität von Miami um die Meisterschaft des vorherigen Jahres spielte, spielten sie gegen Vinny Testaverde, den Gewinner der Heisman Trophy, dem damals der Ruf vorauseilte, einer der besten Collegespieler seit fünf bis zehn Jahren zu sein.

Aber Penn State schlug als Team Testaverde und seine Mannschaft. Als Penn State als Team gegen Herschel Walker und die Universität von Georgia spielte, schlug Penn State als Team Herschel und die Universität von Georgia. Sie gewinnen als Team. Sie könnten vielleicht fragen: »Was passiert mit den Individuen? Opfern sie ihre Karrieren, um Teamplayer zu werden?« Die Antwort ist nein. Penn State University hatte in einem Vergleich aller Colleges in Amerika während der Zeit, als Paterno Trainer war, die drittgrößte Zahl aktiver Spieler in der National Football League. Was war der Grund? Die Spielerscouts für die Profiliga und die Profiteams geben einem herausragenden Talent, das als Mitglied eines Teams Leistung bringt, eher den Vorzug als dem Star, der nicht teamorientiert ist.

Setzt man das Team an Nummer eins, wird man selbst zur Nummer eins. Das stimmt heute immer noch – Sie können alles im Leben haben, das Sie sich wünschen, wenn Sie nur genug anderen Menschen helfen, das zu erreichen, was diese sich wünschen.

Sie erreichen Ihre Ziele, indem Sie ein Teamplayer werden. Wenn Sie verheiratet sind und idealerweise Sie und Ihr Partner sich zusammentun und Ihre Pläne gemeinsam durchgehen und zusammenarbeiten, stehen die Chancen besser, dass Sie beide Ihre individuellen Ziele erreichen. Die Ausgabe von *U.S. News and World Report* vom 13. Januar 1986 berichtete darüber, dass zu diesem Zeitpunkt eine Million Millionäre in Amerika lebten. Dabei wurde etwas Interessantes festgestellt. Zum Beispiel verdienten zusammengerechnet bedeutend weniger als ein Prozent aller Millionäre in den Vereinigten Staaten ihr Geld im Bereich Unterhaltung, Fernsehen, Musik, Sport und Radio. Der typische Millionär hatte zwanzig bis dreißig Jahre in einem Bereich gearbeitet, der grundlegende menschliche Bedürfnisse befriedigte – und der typische Millionär war immer noch mit seiner Freundin von der Highschool oder dem College verheiratet. Das *Team* ist einfach ungeheuer wichtig.

☑ **Die Spielerscouts für die Profiliga und die Profiteams geben einem herausragenden Talent eher den Vorzug, das als Mitglied eines Teams Leistung bringt als dem Star, der nicht teamorientiert ist.**

Schritt 12: Barrieren durchbrechen

Um die eigenen Ziele zu erreichen, müssen Sie wissen, wie man Flöhe trainiert. Sie haben bestimmt schon den Witz von den zwei Flöhen am Fuße eines Hügels gehört, von denen der eine sagte: »Nun, laufen wir oder nehmen wir einen Hund?« Ich gebe zu, er ist ein wenig abgedroschen, aber es verweist auf die Tatsache, dass man Flöhe trainieren kann, in dem man sie in ein Einmachglas setzt, den Deckel draufmacht und die Flöhe immer und immer wieder gegen den

Deckel springen. Nach einer Weile jedoch werden Sie feststellen, dass sie zwar weiter versuchen, wegzuspringen, aber nicht mehr den Deckel treffen. Das ist eine Tatsache. Dann können Sie den Deckel abnehmen und die Flöhe werden weiterhin springen, aber nicht aus dem Glas heraus – sie haben sich selbst darauf trainiert, nur bis zu einer bestimmten Höhe zu springen. Und sobald sie sich selbst erst darauf konditioniert haben, bis zu einer bestimmten Höhe zu springen, dann war es das – sie springen nicht mehr höher.

Menschen verhalten sich genauso. Zu Beginn ihres Lebens sind sie bereit, einen Berg zu erklimmen, ein Buch zu schreiben und einen Rekord zu brechen. Auf dem Weg stoßen sie sich den Kopf oder einen Zeh an und sie werden das, was wir »Eneas« nennen (E.N.E.A.). Das sind Menschen, die *Empfänglich für den Negativen Einfluss Anderer* sind.

Ein klassisches Beispiel ist die Meile in vier Minuten. Jahrelang haben Athleten gesagt: »Ich werde die Barriere durchbrechen! Ich werde eine Meile in vier Minuten oder weniger laufen.« Sie standen an der Startlinie und waren bereit, aber in diesem Moment wussten sie, dass sie diese Zeit nie unterbieten würden, denn ihnen fiel wieder ein, was ihr Trainer gesagt hatte: »Mann, das wirst du nie schaffen. Vielleicht schaffst du 4:02 oder vielleicht sogar 4:01, aber niemand wird je die Vier-Minuten-Barriere brechen.« Dann fiel ihnen ein, was ihr Arzt gesagt hatte: »Eine Meile in vier Minuten? Das kann der menschliche Körper nicht durchhalten.« Niemand durchbrach diese Barriere, bis Roger Bannister auf den Plan trat.

Zuerst einmal war Roger Bannister ein erstklassiger Athlet. Zweitens hatte er eine starke, positive mentale Einstellung. Drittens war er quasi die Verkörperung eines Menschen, der sich Ziele setzt. Er hatte seine Schritte gemessen. So detailversessen war er. Er hatte seine Zeit für eine Viertelmeile, halbe Meile, Dreiviertelmeile, und so weiter gemessen. Er war in Topform. Und er war ein Teamplayer. Drei andere Männer dienten ihm als Tempomacher.

Der Plan war aufgestellt und danach lief er eine Meile in weniger als vier Minuten. Das Foto am Ziel wurde zu einem Klassiker – es zeigt Roger Bannister, wie er die Ziellinie überquert, während John Landy aus Australien, der vorne war, sich umdrehte, um zu sehen, wo Bannister war – während der auf der anderen Seite an ihm vorbeilief. Aus diesem Ereignis lassen sich eine Menge Lektionen ableiten – der Unterschied zwischen dem Sieg und dem zweiten Platz ist klein. Nummer zwei – es ist keine gute Idee, sich nach hinten umzusehen, wenn man nach vorn sehen sollte.

Nachdem Bannister die Barriere durchbrochen hatte, haben Tausende Läufer die Meile in weniger als vier Minuten zurückgelegt. Der Grund? Bannister hatte den Weg bereitet. Als er diese Barriere durchbrach, bewies er, dass es nicht physisch unmöglich war, es war eine psychische Barriere, die durchbrochen werden musste.

Jemand, der Barrieren durchbricht, ist intern motiviert – und unbeeinflusst von äußerlichen, negativen Einflüssen. Diese Person versteht, dass man alles im Leben erreichen kann, wenn man nur genug anderen Menschen hilft, das zu bekommen, was sie wollen. Menschen, die Barrieren durchbrechen, sagen anderen nicht, wo sie aussteigen sollen; sie zeigen ihnen, wo sie einsteigen müssen. Sie versuchen nicht, Menschen zu durchschauen; sie schauen, dass Menschen durchhalten.

☑ **Sie können alles im Leben haben, das Sie sich wünschen, wenn Sie nur genug anderen Menschen helfen, das zu erreichen, was diese sich wünschen.**

Schritt 13: Blicken Sie in die Zukunft

Um Ihre Ziele zu erreichen, müssen Sie »das Erreichen« sehen. Sie müssen sich selbst sehen, als wären Sie bereits dort und hätten Ihr Ziel erreicht. Wie Sie wissen, habe ich diesen Typ in Unterhosen an meinen Spiegel geheftet und mich selbst als diese Art Mensch mit diesem Gewicht gesehen. In gleicher Weise müssen Sie sich selbst in Ihrem neuen Zuhause sehen. Sie müssen sich und Ihren Partner sehen, wie Sie die Beziehung genießen, von der Sie immer geträumt haben, als Sie anfingen, miteinander auszugehen. Sie müssen vor Ihrem geistigen Auge sehen, wie Ihre Kinder erfolgreich aufwachsen, wenn Sie die Art von Erwachsenen werden sollen, die Sie sich vorstellen.

Ein erfolgreicher Basketballspieler sieht, wie der Ball in den Korb geht, bevor er ihn wirft. Jack Nicklaus sagte, er hatte seine besten Trainingseinheiten auf dem Golfplatz, bevor er überhaupt den Golfplatz erreichte. Während er in seinem Flugzeug dorthin flog, spielte er mental jedes Loch vor dem geistigen Auge. Er sah den Ball die Mitte des Fairways entlangfliegen. Er sah, wie der Ball sanft auf dem Grün landete. Er sah, wie der Putt den Ball ins Loch beförderte.

Vor vielen Jahren fuhr ein junger Seemann mit einem Segelboot zur See. Eine Bö kam auf und er wurde in die Takelage befohlen, um die Segel zu reffen. Während er da oben war, machte er den Fehler, nach unten zu blicken und die wogende See in Kombination mit dem rollenden Schiff ließ ihn schwindlig werden und er verlor die Balance. Ein älterer Seemann unter ihm rief: »Schau hoch, Sohn, schau hoch!« Der junge Seemann blickte nach oben und erlangte sofort sein Gleichgewicht zurück. Die Botschaft ist deutlich – wenn die Aussichten schlecht sind, und oft ist das der Fall, versuchen Sie, nach oben zu blicken, diese Aussicht ist immer gut.

Sie müssen sehen, wie Sie etwas erreichen. Wenn Sie irgendeines Ihrer Ziele erreichen, müssen Sie sich sofort ein neues setzen.

Ich glaube fest, dass die Empfehlungen in diesem Buch dramatische Veränderungen in Ihrem Leben bewirken werden. Alles, was ich Ihnen erzähle, habe ich auch selbst getan. Als ich Redner werden wollte, stellte ich mir vor, all das zu tun, was Sie gelesen haben. Ich sah mich selbst auf der Bühne. Ich sah das Publikum, das vor mir saß und vor Begeisterung die Augen weit aufriss, weil ein bloßer Mensch solch unglaubliche Worte der Weisheit von sich gab. Bei den Reden, die ich in meiner eigenen Vorstellung hielt, lachte das Publikum nicht nur, wenn ich einen Witz machte, die kugelten sich und rollten zwischen den Stühlen herum. Und gelegentlich gab es am Ende einer Rede spontane, zehnminütige stehende Ovationen. Es war phänomenal. Das Schöne an der Vorstellungskraft ist, man braucht ihr keine Grenzen zu setzen.

Wenn die Aussichten nicht gut sind, was oft der Fall ist, versuchen Sie, nach oben zu blicken. Diese Aussicht ist immer gut.

Ich will Ihnen nahelegen, die Anweisungen, die ich Ihnen gebe, sehr sorgfältig umzusetzen. Seien Sie darauf bedacht, sich selbst am Ziel zu sehen und Ihre Fantasie dafür zu nutzen. Seien Sie absolut sicher, dass Sie wirklich diese Ziele erreichen wollen – denn wenn Sie das sind, funktioniert es auch. Ich kann Ihnen bestätigen, dass es funktioniert. Diese Prinzipien und Schritte, um die eigenen Ziele zu erreichen, sind in der Realität begründet – jedes lässt sich täglich auf praktische Weise umsetzen. Wenn Sie sich diese Ideen zu eigen machen und den Prozeduren folgen, werden Sie Ihre Ziele erreichen.

Das Ziel ins Auge fassen

Am Ende von Kapitel zwei haben Sie Ihre Ziele gesetzt. Jetzt, wo Sie Kapitel drei beendet haben, kennen Sie die Schritte, die Sie auf diese Ziele zu machen müssen. Auf einer Skala von 1 (desinteressiert) bis 10 (sehr interessiert): Wie sehr interessiert es Sie, sich den 13 Attributen zu verschreiben, die erforderlich sind, um Ihre vier Ziele zu erreichen?

Engagement ______

Disziplin ______

Verantwortung ______

Richtung ______

Solides Fundament ______

Ziele anderen mitteilen ______

Vokabular ______

Teamplayer ______

Kleine Happen ______

Barrieren durchbrechen ______

Sich in Form bringen ______

Die Zukunft sehen ______

Mit Enttäuschungen umgehen ______

KAPITEL 4

WAS SIE IM LEBEN BEGEHREN

Vor einigen Jahren, als es noch nicht so gefährlich war, habe ich gelegentlich einen Anhalter mitgenommen. Eines Tages habe ich einen jungen Mann aufgelesen, als ich auf dem Weg nach Pensacola in Florida war, um einen Vortrag zu halten.

Es gab eine Zeit in meinem Leben, da verspürte ich die moralische Verpflichtung, jeden Menschen, mit dem ich in Kontakt kam, zu begeistern, zu inspirieren, zu motivieren, meine Energie an sie weiterzugeben und weiterzubilden. Nun, ich hatte in diesem Fall ein geradezu gefesseltes Publikum, denn der junge Mann konnte ja nicht anders, als mir zuzuhören, solange er mit mir im Auto saß. Wir unterhielten uns auf dem Weg und ich begann, ihm meine Lebensphilosophie zu erläutern und wie wunderbar alles ist. Als ich mit meiner kleinen Vorlesung fertig war, fragte ich: »Nun, mein Sohn, wie würde es Ihnen gefallen, eine Menge Geld zu verdienen und im Leben wirklich erfolgreich zu sein?«

Er hatte einen abwesenden Blick und ein wehmütiger Ausdruck huschte über sein Gesicht. Dann sagte er: »Oh, das würde mir gefallen.«

Das ist nicht wirklich die Reaktion von jemandem, der ein überwältigendes *Verlangen* verspürt, erfolgreich zu sein.

> ☑ **Verlangen ermöglicht es uns, das heiße Wasser der Mittelmäßigkeit in den Dampf herausragenden Erfolgs zu verwandeln.**

Mission

Die meisten großartigen Lehrer, brillanten Musiker, herausragenden Athleten, wunderbaren Eltern und effizienten Regierungschefs wollten unbedingt bei dem, was sie tun, erfolgreich sein. Ob es darum geht, der beste Haushaltsvorstand zu sein, der beste Schüler oder der beste Banker, es erfordert ein hohes Mass an unbedingtem *Verlangen*, um in irgendetwas der Beste zu sein.

Eine Harvard-Studie aus dem Jahr 1986 ergab, dass herausragende Menschen eines gemeinsam haben – das Gefühl, auf einer Mission zu sein. Sie gehen nicht jeden Tag in die Arbeit – sie widmen sich einer Mission. Sie haben etwas, das sie unbedingt tun wollen. Ich glaube, *Verlangen* ist der große Gleichmacher. Wenn wir genug davon einsetzen und genug davon besitzen, ermöglicht uns das *Verlangen*, das heiße Wasser der Mittelmäßigkeit in den Dampf herausragenden Erfolgs zu verwandeln. Kleinigkeiten bewirken eine große Veränderung.

Wenn man Wasser auf 99 Grad erhitzt, hat man wirklich heißes Wasser. Sie können dieses heiße Wasser nehmen und eine Tasse Kaffee oder Tee damit kochen oder sich rasieren. Aber, wenn Sie noch ein Grad weitergehen, verwandelt sich dieses heiße Wasser in Dampf. Nun können Sie diesen Dampf nutzen und damit eine Lokomotive durchs Land fahren lassen oder mit einem Dampfschiff um die Welt fahren. Es kommt auf dieses eine Grad mehr an.

Die meisten Verkäufer werden ihnen sagen, dass man keine Kommission bekommt für den einen Verkauf, den man *fast* getätigt hat. Und es ist auch nicht besonders aufregend, einen Golf-Putt nur *fast* zu versenken oder einen Schlag zu machen, der nur *fast* den Ball trifft oder irgendetwas nur *fast* zu machen. Aber der Unterschied zwischen etwas zu tun und nicht zu tun ist oft nur eine winzige Kleinigkeit.

Wenn ich an *Verlangen* denke, denke ich an einen Baseballspieler, der damals im Jahr 1946 für die St. Louis Browns gespielt hat. Damals waren die Browns vielleicht das schwächste Team, das jemals in der Major League auf dem Spielfeld stand. Dieser eine Baseballspieler hat nur ein Jahr durchgehalten. Er spielte Outfield. Er war nicht einmal ein Stammspieler. Kein einziges Mal hat er einen Homerun geschlagen. Und doch glaube ich, dass er ein legitimer Kandidat für die Hall of Fame war. Der Name des jungen Mannes war Pete Gray, und wie bei jungen Männern üblich, hatte er ein brennendes *Verlangen*, die absolut überwältigende Ambition, in der Major League Baseball zu spielen. Und das tat er, obwohl er nur einen Arm hatte. Aber dieser eine Arm, gepaart mit einem unbedingten Wunsch, ermöglichte es ihm, es bis in die Major League zu schaffen.

Verlangen ist oft genug der entscheidende Faktor. Ich habe einen Freund, der oft sagt, dass man eben die Karten spielen muss, die man auf die Hand bekommen hat, und sich dabei alle Mühe geben. Mit dieser Kombination werden Sie in vielen, vielen verschiedenen Bereichen erfolgreich sein.

Fähigkeit

Viele Menschen beklagen sich, dass sie nicht genug Talent für einen bestimmten Job haben. Haben Sie schon einmal jemanden sagen hören: »Wenn ich nur das Talent dieser Person hätte, dann könnte ich …«, oder, »Wenn ich nur singen könnte wie sie …«, oder, »Wenn ich so gut verkaufen könnte wie er …«, oder, »Wenn ich Widerstände so überwinden könnte wie diese Person …«. Was Sie damit oft sagen, ist: »Wenn ich nur die Fähigkeiten von jemand anderem hätte, dann könnte ich …« Denken Sie daran, wenn Sie die Fähigkeiten, die Sie bereits besitzen, nicht nutzen, werden Sie auch nicht die von jemand anderem nutzen.

Eines der bekanntesten Gleichnisse in der Bibel ist die Geschichte von den Talenten. Ein Mann ging in ein weit entferntes Land, also rief er drei seiner Diener zu sich. Er gab dem ersten fünf Talente, einem anderen zwei und dem letzten eines. Er sagte: »Ich gehe weg und wenn ich wiederkomme, erwarte ich einen Bericht, was ihr mit euren Talenten getan habt.«

Als er zurückkehrte, rief er den Diener, dem er fünf Talente gegeben hatte und sagte: »Nun, wie ist es dir ergangen?« Der Diener sagte: »Es lief gut. Ich nahm die fünf Talente und habe damit gearbeitet und habe nun zehn Talente.«

Der Mann sagte: »Gut gemacht, mein aufrechter und treuer Knecht. Weil du mit wenigem treu warst, will ich dir viel geben.« Und er gab ihm noch weitere Talente. Und dann sagte er die begeisternden Worte: »Gehe hin zur Freude des Herrn.«

Dann rief er den zweiten Diener und fragte ihn, was er getan hatte, als er nicht da war. Der Diener sagte: »Ich habe es gut gemacht. Ich habe meine zwei Talente arbeiten lassen und nun habe ich vier.« Der Mann sagte ihm, dass er es gut gemacht hatte und sprach die gleichen Worte wie bei dem ersten Diener.

Dann ging er zu demjenigen, der ein Talent gehabt hatte und fragte ihn, wie erfolgreich er gewesen war. Dieses Mal vernahm er eine andere Antwort. Er hörte eine Antwort von einem Jammerlappen – einem von der Sorte, die immer denken: *Wenn ich doch nur mehr hätte, würde ich nutzen, was ich habe.* Der Knecht antwortete dem Mann und sagte: »Ich wusste, dass du ein harter und grausamer Herr bist, dass du erntest, wo du nicht gesät hast. Und ich wusste, dass du unfair und ungerecht bist, also nahm ich das eine Talent, das du mir gabst und vergrub es. Hier ist es.«

Die Antwort des Mannes enthält einige der harschesten Worte in diesem Abschnitt der Bibel. »Du verkommener und fauler Diener.« Und er nahm ihm das eine Talent weg und gab es demjenigen mit den zehn Talenten. Was ich als Nächstes sage, ist natürlich reine Vermutung, ich habe keinen Grund, es zu glauben und doch scheint es mir übereinzustimmen mit allem, was ich über das Leben weiß. Ich glaube, wenn der Knecht mit dem einen Talent versucht hätte, etwas damit anzufangen, selbst, wenn er es verloren hätte, hätte er eine zweite Chance bekommen. Das glaube ich wirklich. Aber weil er es nicht nutzte, wurde es ihm genommen. Die Bibel sagt deutlich, wenn wir etwas nutzen, das wir haben, wird uns mehr gegeben werden, um es zu nutzen.

In einem vorherigen Kapitel dieses Buches haben Sie eine Menge Dinge identifiziert, von denen Sie glaubten, dass Sie diese haben wollten. Sie haben sie alle aufgeschrieben. Dann haben Sie Dinge identifiziert, an denen Sie im Moment nicht arbeiten können, aber ich sagte Ihnen, dass Sie diese nicht von der Liste streichen sollten, denn später, wenn Sie älter und reifer werden und sich weiterentwickeln, werden diese zu legitimen Zielen in einem anderen Bereich Ihres Lebens werden. Je mehr Sie wachsen, desto mehr können Sie mit den Talenten anfangen, die Sie besitzen.

☑ Wenn wir etwas nutzen, das wir haben, wird uns mehr gegeben werden, um es zu nutzen.

Gewinner und Verlierer

Knute Rockne, ein berühmter Footballcoach für Notre Dame, sagte: »Ich mag es nicht, zu verlieren, weniger, weil es ein Footballspiel ist, sondern weil die Niederlage bedeutet, dass man ein Ziel nicht erreicht hat.« Ich glaube, das ist eine recht gute Perspektive. Wenn Sie nutzen, was Sie haben, wenn Sie ein brennendes *Verlangen* verspüren, stehen die Gewinnchancen sehr viel besser.

Rockne wies darauf hin, dass eine Menge Menschen glauben, sie sollten gute Verlierer und schlechte Gewinner sein. Er hatte das Gefühl, das sei eine Wahl zwischen Pest und Cholera. Er wies außerdem darauf hin, dass er kein *Verlangen* danach hatte, genug Erfahrung im Verlieren zu sammeln, um gut darin zu werden. »Zeigen Sie mir einen *guten Verlierer*«, sagte er, »und ich zeige Ihnen einen Verlierer. Geben Sie mir elf *schlechte Verlierer* und ich gebe Ihnen ein Footballteam für die Nationalmeisterschaft.« Er sagte: »Wie ein Mann gewinnt, zeigt eine Menge über seinen Charakter – und wie er verliert, zeigt alles davon.«

Jedoch rede ich vom Willen, Entschlusskraft und dem *Verlangen*, zu gewinnen. Wir müssen uns gar nicht aussuchen, ob wir gute Gewinner und schlechte Verlierer sein wollen. Je mehr Erfahrung wir im Gewinnen haben, desto besser können wir darin werden, gute Gewinner zu sein.

> ☑ **»Wie ein Mann gewinnt, zeigt viel von seinem Charakter – wie er verliert, zeigt alles davon.«**

Verlangen und Entschlusskraft

Wenn ich an *Verlangen* denke, denke ich an einen Mann namens Ben Hogan. Ich gestehe, ich bin ein absoluter Golf-Fan. Es gibt viele bessere Spieler als mich, aber ich glaube nicht, dass irgendjemand mehr Spaß am Golf hat als ich. Ich liebe es einfach, hinaus auf den Platz zu gehen und den kleinen Ball auf das Tee zu legen. Wenn ich mich über Golfer unterhalte, dreht es sich bei mir schnell um Ben Hogan – der vielleicht der größte Spieler aller Zeiten ist, wenn man es genauer betrachtet.

Er begann seine Golfkarriere, als es ihm finanziell extrem schlecht ging. Er hatte fast nichts zu essen und wohnte in den billigsten Unterkünften, nur um überhaupt an der Tour teilnehmen zu können. Gerade, als er auf dem Höhepunkt seiner Golfkarriere war, fuhren seine Frau und er eines Nachts zu einem weiteren Turnier, es war sehr neblig. Als er gerade um eine Kurve fuhr, sah er die Scheinwerfer eines Greyhound-Busses, der auf ihn zukam. Er warf sich instinktiv und reflexhaft auf seine Frau, um sie zu schützen, und das hat vermutlich ihrer beider Leben gerettet, denn der Aufprall rammte das Lenkrad durch den Fahrersitz, auf dem er eben noch gesessen hatte.

Die Ärzte – und es waren eine Menge – waren sich in einer Sache einig: Ben Hogan würde sich sehr glücklich schätzen können, wenn er jemals wieder aus dem Krankenbett aufstehen könnte. Sie wussten alle, dass er nie wieder würde laufen können. Und was das Golfspielen anging – das stand gar nicht zur Debatte. Auf keinen Fall. Aber sie hatten nicht mit dem stählernen Willen, dem unaufhaltsamen Antrieb und dem enormen *Verlangen* gerechnet, über das Ben Hogan verfügte. Noch als er im Krankenhausbett lag, hielt er im Geist die Golfschläger in der Hand und stellte sich vor, wie er spielte. Dann machte er Übungen, um seine Hände zu stärken.

Als er mithilfe eines Stocks und Beinschienen wieder gehen konnte, kam er kaum vom Fleck. Irgendwann konnte er wieder alleine stehen und seinen Putter halten und dann auch wieder putten. Später ging er mit Krücken hinaus auf den Platz, stand nur da und schwang den Schläger. Er schwang und schwang und allmählich, über Monate, wurde er stärker und stärker. Und der Rest seiner Biografie schrieb Geschichte. Er gewann Turniere und stellte Rekorde auf. Er leistete Unmögliches. Ben Hogan war nicht unbedingt ein Golf-Wunderkind, aber er hatte Talent. Aber es gab viele Golfer, die sehr viel talentierter waren als er. Aber niemand hatte ein größeres *Verlangen*, es zu etwas zu bringen, als Ben Hogan.

☑ Enthusiasmus muss manchmal verfeinert werden, indem man ihm eine Richtung gibt.

Verfeinerter Enthusiasmus

Enthusiasmus muss manchmal verbessert werden, indem man ihm eine Richtung gibt. Ich versuche immer, mich daran zu erinnern, denn manchmal erhalten Leute den Eindruck, dass sie nur über ein *Verlangen* verfügen müssen und dann nahezu alles erreichen können – oft ist das nicht ganz der Fall.

Jeder, der sich für Sport interessiert, erinnert sich an die Olympischen Winterspiele 1988 in Calgary und an einen jungen Mann namens Dan Jansen aus dem US-Team, der Goldfavorit im Eisschnelllauf war. Sicher hielten neunzig Prozent der Zuschauer weltweit Dan Jansen die Daumen, abgesehen von denen, die gegen ihn liefen – denn am selben Morgen war seine Schwester an Leukämie gestorben. Sein Verlangen, die Goldmedaille zu gewinnen, war absolut überwältigend. Er hatte hart trainiert. Er war der Favorit.

Aber bei der ersten Kurve, wie das Schicksal manchmal spielt, rutschte er aus und knallte gegen die Wand. Er war aus dem Rennen, noch bevor es richtig angefangen hatte. Sein *Verlangen* hatte stark sein müssen, um bis zu den Olympischen Spielen zu kommen. Sein *Verlangen* hatte ihn dorthin gebracht, wo er war.

Aber sein *Verlangen nach* diesem Unfall würde bestimmen, was er mit dem Rest seines Lebens anfangen wollte. Wie ging er damit um? Würde dieses *Verlangen* in die richtige Richtung kanalisiert werden? Ja! Dan Jansen gewann Gold im letzten Rennen seiner olympischen Karriere – bei den Spielen 1994 in Norwegen.

Intelligent ignorieren

Jeder sieht sich in seinem Leben mit schweren Enttäuschungen, Niederlagen und Rückschlägen konfrontiert. Wir müssen lernen, mit diesen Situationen umzugehen. Aber *Verlangen* kann zu dem führen, was wir »intelligentes Ignorieren« nennen. Und wenn man viele Dinge intelligent ignoriert, kann eine Menge geschehen. In der Welt des Verkaufs beispielsweise versteht man keine der ausgefeilten Verkaufstechniken, wenn man völlig neu dabei ist. Aber Neulinge sind sehr engagiert, was ihr Produkt angeht und wirklich enthusiastisch. Sie glauben, dass ihr Produkt das Großartigste seit Erfindung des Rads ist und es für sie eine unglaubliche Möglichkeit darstellt. Sie glauben, jeder auf der Welt sollte dieses fantastische Produkt besitzen – und das Endergebnis ist, sie ziehen los und verkaufen tonnenweise mehr als die alten, etablierten Profis. Das passiert immer wieder.

Verlangen ist bei vielen Gelegenheiten das Zünglein an der Waage. *Verlangen* zeigt sich oft bei Basketball- oder Footballspielen, wenn der Trainer einen Ersatzspieler von der Bank holt und der frisch ans Werk geht. Er ist der Zweite in der Reihe und will den Trainer und die Menge wirklich beeindrucken. Er oder sie denkt, *Wenn ich da rausgehe, werde ich dem Trainer mal ein paar Sachen zeigen … und wer weiß, vielleicht werde ich beim nächsten Mal in der Startaufstellung stehen!* Ich habe häufig gesehen, dass ein Ersatzspieler bessere

Leistungen bringt als der Spieler in der Startaufstellung. Sie haben das gewisse Quäntchen mehr an *Verlangen*, das entscheidend ist.

Ich glaube, die Hummel ist ein klassisches Beispiel dafür, was es heißt, etwas intelligent zu ignorieren. Wenn Sie etwas über Aerodynamik gelesen und gelernt haben, wissen Sie, dass die Hummel nicht fliegen kann – ihr Körper ist zu schwer und ihre Flügel zu leicht. In Büchern steht, dass sie nicht fliegen kann. Aber die Hummel liest nicht, die Hummel fliegt.

Henry Ford ist prominente Fall eines Mannes, der Dinge intelligent ignorierte. Auch wenn er nur geringe Schulbildung besaß, verdiente er ein Vermögen mit den Autos des Modells T und später dem Modell A. Dann hatte er eines Tages eine verrückte Idee – er wollte einen V8-Motor bauen. Mr. Ford war kein Ingenieur, also rief er sein hoch bezahltes Team zusammen und sagte: »Ich will, dass ihr mir einen V8-Motor baut.«

Sie wollten die Idee nicht sofort ablehnen, um ihn nicht zu sehr zu enttäuschen. Also erklärten sie ihm behutsam, dass der V8-Motor vom Standpunkt eines Ingenieurs unmöglich war. Er sagte: »Nun, das verstehe ich, aber ich will einen und ich will, dass ihr mir einen baut, und zwar sofort.« Sie unternahmen einen halbherzigen Versuch, gaben nicht wenig Geld aus und kamen ein paar Monate später wieder und sagten: »Mr. Ford, es ist so, wie wir gesagt haben. Ein V8-Motor ist eine Unmöglichkeit. Man kann ihn nicht bauen.«

Er sagte: »Ihr versteht das offensichtlich nicht. Wir brauchen einen V8-Motor und ihr werdet ihn bauen. Also geht und baut ihn!« Nun, sie machten sich wieder an die Arbeit, gaben noch ein wenig mehr Geld aus und es dauerte noch ein wenig länger und sie kamen schließlich zurück und sagten: »Mr. Ford, es geht einfach nicht.«

Dieses Mal ging Henry Ford an die Decke. Er flippte aus. Er sagte: »Offensichtlich bringe ich meine Botschaft nicht richtig rüber. Der V8-Motor *wird* gebaut werden und *ihr* werdet ihn für mich bauen.

Jetzt will ich, dass ihr hier verschwindet und dieses Mal kommt ihr nicht wieder zurück, bis ihr es geschafft habt. Ihr werdet tatsächlich einen V8-Motor bauen.« Sie bauten den V8-Motor. Ein Mann hatte etwas lang genug intelligent ignoriert, um den Erfolg herbeizuführen. Henry Ford sagte: »Ich suche stets nach Männern, die eine unbegrenzte Kapazität haben, nicht zu wissen, was unmöglich ist.«

☑ **In Büchern steht, sie kann unmöglich fliegen. Aber die Hummel liest nicht, die Hummel fliegt.**

Ich kann es

Jeder Mensch und jedes Unternehmen sollte denken, *ich kann* statt *ich kann nicht*. Wir brauchen mehr Menschen, die nicht wissen, was man nicht tun kann; das sind diejenigen, die einfach losmarschieren und es tun. Mir gefällt, was Miss Mamie McCullough, unsere »Ich-kann«-Lady gesagt hat. Sie hat das Buch »See You at the Top« in einen Kurs verwandelt, der im ganzen Land gelehrt wird. Sie kam eines Tages auf diese Idee und es hat ihr enormen Spaß bereitet. Und das Schöne daran ist, es scheint absolut sinnvoll.

Am ersten Tag sagt sie zu den Kursteilnehmern: »Ich will, dass Sie mir so gut wie möglich ein ›Ich kann nicht‹ beschreiben. Wie sieht ein ›Ich kann nicht‹ aus?« Und die Kursteilnehmer geben sich ein oder zwei Momente richtig Mühe und dann sagt Miss McCullough: »Wir wissen also nicht, wie ein ›Ich kann nicht‹ aussieht, oder? Jetzt hätte ich gerne, dass Sie mir ein ›Ich kann‹ beschreiben.« Und sie beschreiben große ›Kanns‹ und kleine ›Kanns‹, runde ›Kanns‹, eckige

›Kanns‹, lange ›Kanns‹, kurze ›Kanns‹, alle Arten von ›Kanns‹. »Mit anderen Worten, es gibt kein ›kann nicht‹ – Sie können es nicht sehen, riechen, schmecken, spüren oder berühren. Aber Sie können ›kann‹ riechen, spüren, schmecken und berühren. Also existiert ›Ich kann nicht‹ gar nicht, aber ›Ich kann‹ tut es. Wir werden das den ›Ich-kann‹-Kurs nennen und ich glaube, das ist der Geist, den wir in diesem Land brauchen – der ›Ich-kann‹-Geist.«

General Creighton Abrams Jr. hat intelligente Ignoranz auf ein ganz neues Niveau gehoben. Im Zweiten Weltkrieg war General Abrams während der Ardennenoffensive komplett von feindlichen Truppen eingekesselt – sie lagen im Norden, Süden, Osten und Westen. Seine Stabsoffiziere kamen panisch zu ihm und sagten, dass sie völlig umzingelt waren. Er sagte im Wesentlichen: »Nun, das ist ja wunderbar, lassen Sie die Truppen wissen, dass wir zum ersten Mal in der Geschichte dieses gesamten Feldzugs den Feind in jeder beliebigen Richtung angreifen können.«

Es geht nicht darum, wie die Situation tatsächlich ist, es geht darum, was wir daraus machen. Wir müssen uns nur daran erinnern, dass die finsterste Nacht seit Anbeginn der Zeit nicht die Sterne auslöschen konnte – dass man selbst am hellsten Tag immer noch hinab in einen Brunnen steigen könnte, nach oben sehen und von diesem dunklen Ort aus die Sterne erblicken könnte. Manchmal, wenn die Dinge am finstersten aussehen, erblicken wir diesen Lichtschein, der uns dahin führt, wohin wir wirklich gehen wollen. Aber wir müssen dieses *Verlangen* haben, um das zu tun.

Es geht nicht darum, wie die Situation tatsächlich ist, es geht darum, was wir daraus machen.

Das Ziel ins Auge fassen

»Herausragende Menschen haben eines gemeinsam – das beherrschende Gefühl, auf einer Mission zu sein. Sie gehen nicht jeden Tag arbeiten – sie begeben sich auf eine Mission. Sie haben etwas, das sie unbedingt tun wollen. Ich glaube, dass *Verlangen* der große Gleichmacher ist.« Wie sehr beeinflusst Sie diese Aussage? Schreiben Sie etwas über das Ziel oder die Ziele auf, die dazu führen könnten, dass Sie Ihre Einstellung ändern und nicht mehr das Gefühl haben, auf die Arbeit zu gehen, sondern sich auf eine Mission zu begeben.

Wie effektiv setzen Sie Ihre Talente und Fertigkeiten ein? Machen Sie das meiste aus Ihren Fertigkeiten, indem Sie diese trainieren und bei jeder Gelegenheit einsetzen? Was können Sie tun, um Ihre Talente und Fertigkeiten zu verbessern oder zu steigern, um mit ihrer Hilfe Ihre Ziele zu erreichen?

Was haben Sie daraus gelernt, etwas über Ben Hogan und Dan Jansen zu lesen? Haben ihre Geschichten Sie ermutigt oder entmutigt? Wieso?

Würden Sie im Leben schneller vorankommen, wenn Sie über mehr »intelligente Ignoranz« verfügen würden?

Es geht nicht darum, wie die Situation tatsächlich ist, es geht darum, was wir daraus machen. Schreiben Sie einige der »Situationen« auf, in denen Sie sich jetzt befinden und schreiben Sie dann auf, was Sie aus diesen Situationen machen wollen.

KAPITEL 5

EINE ZITRONE KOMBINIERT MIT VERLANGEN

Wenn Sie eine Zitrone nehmen und *Verlangen* hinzufügen, erhalten Sie Limonade. Ich bin mir sicher, Sie haben diesen Spruch schon einmal gehört, aber er stimmt. Und einige dieser wahren Geschichten und Illustrationen sind schon Jahre alt, aber die Prinzipien sind heute und morgen noch so wahr, wie sie es gestern waren. Bewährt und wahr.

Vor vielen Jahren gab es vorn am Kühler von Autos eine Kurbel, um den Motor zu starten. Man musste sich hinstellen und das Mistding so stark wie möglich drehen, um den Motor anzulassen. Der amerikanische Ingenieur und Erfinder Charles Kettering hatte eine Zitrone. Eines Tages war er unterwegs und kurbelte an seinem Auto. Die Kurbel schoss nach vorne und brach ihm den Arm. Auch wenn er Schmerzen hatte, kam ihm ein Gedanke, während er seinen gebrochenen Arm hielt: *Solange wir dieses Problem haben, wird das Auto nie wirklich beliebt sein.* Es war sein gebrochener Arm, der dazu führte, dass er den elektrischen Anlasser für Automobile erfand. Seine Zitrone war ein gebrochener Arm. Seine Limonade war der Anlasser.

Auch Jacob Schick hatte ein Zitronenproblem. Während er in Alaska nach Gold schürfte, wollte er sich rasieren. Aber bei minus vierzig Grad gefror das Wasser, kurz nachdem er es in eine Schüssel geschüttet hatte. Also erfand er den elektrischen Rasierer.

Neal Jeffrey war frischgebackener Quarterback und auf der zweiten Auswechselposition an der Baylor University. Er ging eines Tages zu Trainer Grant Teaff und sagte: »Ich will in der Startaufstellung als Quarterback spielen.« Das Problem war, dass Neal stotterte, und als Quarterback zu spielen erfordert, dass man flüssig sprechen kann. Es gibt eine Spieluhr und man hat nur eine bestimmte Anzahl an Sekunden, um einen Spielzug zu erklären. Aber Neal Jeffrey war ein außergewöhnlicher junger Mann. Er schaffte es nicht nur als Quarterback in die Stammmannschaft, sondern führte auch Baylor zu ersten Conference-Meisterschaft in über 50 Jahren und war einer der wertvollsten Spieler der Southwest Conference in diesem Jahr. Er brachte sein Team bis zum Spiel in die Cotton Bowl.

> ☑ **Wenn uns etwas widerfährt, können wir oft davon profitieren – wenn wir die richtige Einstellung, das richtige *Verlangen* haben.**

Nutzen Sie Widerstände

Wenn uns etwas widerfährt, können wir oft davon profitieren – wenn wir die richtige Einstellung, das richtige *Verlangen* haben.

In Enterprise, Alabama, gibt es eine ungewöhnliche Statue auf dem Marktplatz. Es ist die Statue eines Baumwollkapselkäfers. Wieso haben die dort ausgerechnet die Statue eines Baumwollkapselkäfers aufgestellt? Es gab eine Zeit in der Vergangenheit dieses Bundesstaats, als Baumwolle die einzige Feldfrucht war, die angebaut wurde. Die Wirtschaft war auf Gedeih und Verderb der Baumwolle ausgeliefert und häufig mussten Menschen deswegen leiden. Es gab keine Diversifikation. In einem bestimmten Jahr gab es eine Plage des Baumwollkapselkäfers – dieser zerstörerische Käfer befiel jede Baumwollpflanze im Umkreis von fast fünfundsechzig Kilometern um Enterprise, Alabama. Die Farmer verloren ihre gesamte Ernte. Im Ergebnis erkannten sie endlich, was man ihnen seit vielen Jahren gesagt hatte – sie mussten diversifizieren. Also begannen sie, Erdnüsse, Sojabohnen, Mais und viele andere Feldfrüchte anzubauen. Die Wirtschaft profitierte davon so sehr, dass sie dachten, es sei angemessen, die Statue direkt in der Stadtmitte aufzustellen, denn der Baumwollkapselkäfer hatte die Entwicklung erzwungen.

Wenn wir die Umstände genau betrachten, können wir häufig feststellen, dass sogar das schlimmste Ereignis zum Besten werden kann, was uns je im Leben widerfahren ist.

Charles Goodyears Zitrone war zum Beispiel eine Gefängnisstrafe. Er wurde verurteilt, weil er eine Rechnung nicht bezahlen konnte. Während er dort war, hatte er ausreichend Zeit und Privatsphäre, um zu arbeiten und seinen Prozess für die Gummivulkanisierung zu perfektionieren.

Martin Luther gab uns, als er in der Wartburg saß, die deutsche Übersetzung der Bibel. John Bunyan schrieb seinen Bestseller *Pilgrim's Progress* (dt. *Pilgerreise*), als er im Gefängnis saß. Gene Tunney wurde zum Boxweltmeister im Schwergewicht, weil er sich beide Hände gebrochen hatte. Das hört sich vielleicht ungewöhnlich an, aber als Tunney ein junger Kämpfer war, zog er mit den US-Truppen in den Ersten Weltkrieg nach Frankreich. Er brach sich die rechte Hand und später die linke. Sein Trainer und die Ärzte sagten ihm, dass er niemals Schwergewichtschampion werden konnte, denn seine Hände waren zu fragil – sie würden die schweren Schläge nicht vertragen.

☑ **Wenn das *Verlangen* stark genug ist, wird es etwas verändern. Egal, wie die Situation aussieht, wenn wir genug *Verlangen* hinzufügen, können wir erfolgreich sein.**

Aber Gene Tunney hatte das unaufhaltsame *Verlangen*, zum Schwergewichtschampion zu werden. Er sagte, er würde der wissenschaftlichste Boxer werden, der je in den Ring gestiegen war. Nun, er errang die Weltmeisterschaft im Schwergewicht von Jack Dempsey und er setzte sich als ungeschlagener Schwergewichtsweltmeister zur Ruhe. Boxexperten stimmten überein, dass er niemals Schwergewichtschampion geworden wäre, wenn er sich nicht die Hände gebrochen hätte. Tunney hätte sich zweifellos dennoch an einen Kampf mit Dempsey gewagt, aber er hätte nicht die nötigen Boxfertigkeiten erlernt, um ihn zu besiegen. Diejenigen, die damals auf clevere Weise auf den Kampf wetten wollten, sagten sich, dass kein Gegner Jack Dempsey in einem Schlagabtausch besiegen konnte. Tunney gewann den Meisterschaftskampf, weil er das *Verlangen* hatte, weil er sich die Hände gebrochen hatte und weil er aus dieser Zitrone Limonade gemacht hatte.

Ich versuche, auf hundert verschiedene Weisen die gleiche Botschaft zu übermitteln, damit Sie lernen, wenn Sie auf Widerstände treffen, sind es vielleicht diese Widerstände, die Sie brauchen, um erfolgreich zu werden. Wenn Ihr *Verlangen* stark genug ist, wird das sicher zu einer Veränderung führen. Egal, in welcher Situation wir uns befinden, wenn wir genug Verlangen haben, können wir erfolgreich sein.

Eine Geschichte, die man nicht vergessen sollte

Ich verwende eine Menge Beispiele und Illustrationen, um bestimmte Punkte abzudecken. Die Menschen erinnern sich besser an Geschichten und Beispiele. Und, wenn Sie sich an die Geschichte oder das Beispiel erinnern, ist es leichter, eine Lehre daraus zu ziehen –

Lektionen, die Menschen inspirieren und motivieren, um sich weiter nach ihren Zielen zu strecken.

Diese bestimmte Geschichte ist eine, die ich schon seit 23 Jahren erzähle und ich erzähle sie deshalb, weil dabei nahezu jedes Prinzip vorkommt, an das ich glaube. Sie deckt alles ab. Ich war zu meinem ersten großen Seminar in Kansas City. Nach dem Seminar ging ich wieder in mein Zimmer und rechnete damit, alleine mein Abendessen einzunehmen. Aber als ich aus dem Aufzug trat, hörte ich die donnernde Stimme eines Mannes, den ich gut kennenlernen sollte und der nun fast wie ein Bruder für mich ist. »ZIG! Wo gehen Sie hin?« Ich sagte: »Ich gehe essen.« Er meinte: »Warten Sie eine Minute. Ich komme mit.«

Als wir uns setzten und uns unterhielten, wurden Bernie Lofchick und ich sofort Freunde. Ich meine, nicht nur Bekannte, sondern wirklich enge Freunde. Wir kamen aus Familien, die etwa gleich groß waren. Sein Dad und mein Dad waren gestorben, als wir noch sehr jung gewesen waren. Wir hatten beide sehr früh im Leben zu arbeiten begonnen. Er verkaufte Kochgeschirr, was ich auch einst gemacht hatte. Die Gemeinsamkeiten waren erstaunlich.

Ich sagte: »Bernie, du bist aber von weither gekommen, um ein Verkaufsseminar zu besuchen.« Er entgegnete: »Ja, und das war ganz wunderbar. Ich habe ein paar sehr gute Anregungen erhalten. Es war eine großartige Erfahrung.« Ich bohrte ein wenig weiter nach, ob ich vielleicht etwas Negatives zutage fördern konnte, das ich beim nächsten Mal verbessern konnte. Also sagte ich: »Ja, aber es hat dich sicher eine Menge Geld gekostet, um für ein paar Tage von Winnipeg in Kanada nach Kansas City zu kommen.«

»Nun«, sagte er, »dank meines Sohnes David muss ich mir nicht wirklich Sorgen um Geld machen.«

Ich meinte: »Bernie, das hört sich nach einer tollen Geschichte an. Würdest du mir davon erzählen?«

Er sagte: »Aber ja. Als David geboren wurde, waren wir außer uns vor Freude. Wir schwebten auf Wolken. Wir hatten bereits zwei Mädchen und nun auch noch einen Jungen. Das war die Familie, die wir uns gewünscht hatten, als wir heirateten. Aber nach ein paar Tagen bemerkten wir, dass etwas nicht stimmte. Davis Kopf hing auf der rechten Seite seines Körpers zu schlaff herunter. Und er sabberte mehr als ein normales, gesundes Baby. Aber die Ärzte sagten, wir sollten uns keine Sorgen machen, das würde sich noch geben. Aber, weißt du, Zig, wenn es das eigene Kind ist, macht man sich Sorgen.

Nach etwa einem halben Jahr brachten wir ihn zu einem Spezialisten, der bei ihm schockierenderweise eine Krankheit diagnostizierte, die etwa das Gegenstück zu Klumpfüßen war. Er behandelte ihn einige Wochen. Zig, wir wussten, dass es schwerwiegender war. Also gingen wir zu einem anderen Spezialisten, der uns nach einer sehr ausführlichen Untersuchung sagte, dass unser kleiner Junge zerebrale Kinderlähmung hatte – und dass er niemals in der Lage sein würde, zu laufen, zu sprechen oder bis zehn zu zählen. Die Spezialisten legten nahe, dass wir ihn zu seinem eigenen Wohl und dem der, Zitat: ›normalen Mitglieder‹ der Familie in eine Institution geben sollten.

Aber Zig, ich bin kein Käufer, ich bin Verkäufer. Ich konnte mir nicht vorstellen, dass mein Sohn sein Leben in einem vegetativen Zustand verbringt und es nie zu irgendetwas bringt. Ich sah ihn ganz anders. Also fragte ich den Arzt, ob er mir einen anderen empfehlen könnte. Nun, dieser Spezialist wirkte sehr beleidigt. Er stand auf und sagte: ›Ich habe Ihnen den besten Rat gegeben, den Sie je bekommen werden. Ich würde vorschlagen, Sie nehmen ihn an.‹«

Bernie hielt sich nicht an den Rat. Er ging zu einem weiteren Spezialisten, der ihm dasselbe sagte und dann zu noch einem und noch einem und noch einem. Dreißig verschiedene Experten sagten ihm, dass es keine Hoffnung für seinen kleinen Jungen gäbe. Dann hörten sie von Dr. Pearlstein aus Chicago in Illinois. Dr. Pearlstein war angeblich der weltweit führende Experte für Zerebralparese, aber er war so beschäftigt, dass sein Terminkalender für zwei Jahre ausgebucht war.

Bernie erreichte den Arzt schließlich unter seiner Privatnummer. Er vereinbarte mit dem Arzt, wenn jemand anderes absagte, würde David als Erster einen Platz bekommen. Nur elf Tage später sagte ein kleiner Junge aus Australien seinen Termin ab, also packten sie das Baby ein und flogen zur Untersuchung nach Chicago. Es war vermutlich die umfassendste Untersuchung, die irgendein Kind bis zu diesem Zeitpunkt bekommen hatte. Sie untersuchten ihn stundenlang. Sie verwarfen alle anderen Diagnosen, all die anderen Röntgenaufnahmen und begannen wieder ganz von vorn.

Sie holten den besten Experten der Welt dazu, um die Röntgenaufnahmen zu bewerten – nicht, um eine Diagnose abzugeben oder eine Empfehlung, sondern nur, um ihnen zu sagen, was auf den Aufnahmen zu sehen war. Als alles vorbei war, setzten sich Dr. Pearlstein und seine Krankenschwestern mit Davids Eltern zusammen und Dr. Pearlstein sagte: »Dieser kleine Junge hat Zerebralparese. Er wird nie laufen, sprechen oder bis zehn zählen können – wenn Sie auf die Unheilspropheten hören. Aber«, sagte er, »ich bin zufälligerweise lösungsorientiert, nicht problemorientiert. Ich glaube, Sie können etwas für diesen kleinen Jungen tun, wenn Sie bereit sind, das Ihre zu leisten.« Davids Eltern sagten, sie würden alles Menschenmögliche tun, um ihrem Sohn zu helfen.

☑ Glück ist nicht Vergnügen – Glück ist Sieg.

Was immer es erfordert

Damals konnten sie sich keine hohe finanzielle Belastung leisten, aber sie sagten dem Arzt, er solle kein Blatt vor den Mund nehmen und ihnen sagen, was notwendig war. Detailliert beschrieb er es ihnen: »Sie müssen mit diesem kleinen Jungen so hart arbeiten, dass es jede menschliche Ausdauer übersteigt. Und dann noch ein wenig darüber hinaus. Sie werden ihn anschubsen müssen, bis er buchstäblich fällt und dann werden Sie ihn aufheben müssen und ihn noch ein wenig mehr anschubsen. Sie werden die Geduld in Menschengestalt sein müssen, denn es wird viele, viele Monate geben, in denen Sie keinen Fortschritt feststellen werden. Aber wenn Sie je aufhören, wird er wieder völlig zurückfallen und Sie müssen wieder ganz von vorn anfangen. Ihnen muss klar sein, dass es sich um eine lebenslange Verpflichtung handelt – nicht etwas, das Sie nur dieses Jahr, nächstes Jahr, fünf Jahre oder wie lange auch immer tun … Sie müssen es von nun an für immer tun.«

Bernie und Elaine und David gingen nach Hause. Sie stellten einen Fitnessexperten an und einen Bodybuilder. Sie bauten eine kleine Turnhalle im Keller ihres Hauses und machten sich an die Arbeit. Es dauerte Monate, bis David überhaupt den gesamten Körper bewegen konnte. Eines Tages, etwa zwei oder drei Jahre später erhielt Bernie einen Anruf auf der Arbeit vom Therapeuten, der sagte: »Ich glaube, David ist bereit. Kommen Sie nach Hause.« Bernie eilte nach Hause. David war unten in der Turnhalle auf einer Matte, bereit, seinen ersten Liegestütz zu machen.

Als sich sein kleiner Körper in die Luft erhob, war die physische und emotionale Anstrengung enorm. Kein Fitzelchen Haut von Davids Haut blieb trocken und die Matte sah aus, als hätte jemand Wasser darauf gespritzt. Als dieser eine, perfekte Liegestütz vollbracht war, brachen Mom, Dad, seine zwei Schwestern, David, der Therapeut und mehrere der Nachbarn, die dabei waren, in Tränen aus, was eindeutig bewies, dass Glück nicht Vergnügen ist – Glück ist Sieg.

Diese Geschichte ist noch erstaunlicher, wenn wir erfahren, dass eine von Amerikas führenden Universitäten David ebenfalls sehr gründlich untersucht und festgestellt hatte, dass es keine motorischen Nervenverbindungen zur rechten Seite seines Körpers gab. Sie sagten, er habe kein Gleichgewichtsgefühl; er würde nie schwimmen, Eislaufen oder ein Fahrrad fahren können.

> ☑ **Es ist das eine, mit einem Arzt übereinzustimmen, dass man sich die nächsten fünfzehn Jahre voll einsetzt – es ist etwas ganz anderes, das dann auch die nächsten fünfzehn Jahre zu tun.**

Am 23. Oktober 1971 waren meine Frau und ich in Winnipeg in Kanada, um David bei seiner Bar Mitzwa zu sehen. Ich wünschte, Sie hätten dabei sein können. Ich wünschte, alle Fernsehkameras der Welt hätten sehen können, was wir gesehen haben. Dieser Junge, 13 Jahre alt – von dem die Ärzte sagten, er würde niemals laufen, sprechen oder bis zehn zählen können –, hatte zu diesem Zeitpunkt in seinem Leben bereits teilweise mehr als 1100 Liegestütze an einem einzigen Tag gemacht und war knapp zehn Kilometer gelaufen. Er war auch schulisch sehr gut – löste als Siebtklässler Matheaufgaben der neunten Klasse an der St. John's-Ravenscourt Schule.

David hatte bereits die Reifen an seinem dritten Fahrrad abgefahren, spielte Eishockey im Team seines Stadtviertels und war einer der besten Tischtennisspieler in Winnipeg. Im nächsten Jahr wurde er, soweit ich weiß, das erste und, soweit wir wissen, das einzige Kind mit Zerebralparese, das für eine unbeschränkte, normale 100.000-Dollar-Versicherungspolice qualifiziert war.

Lebensprinzipien

Der Grund, wieso ich so viele der Details von Davids Geschichte nenne, besteht darin, dass sie sich um genau die Prinzipien dreht, von denen ich die ganze Zeit in diesem Buch spreche. Zuerst einmal gab es ein solides Fundament. Der Arzt war absolut *ehrlich* zu Davids Eltern und sie wiederum waren *ehrlich* mit David. Wie Cavett Roberts gesagt hat: »*Charakter* ist die Fähigkeit, einen guten Vorsatz umzusetzen, lange, nachdem die Begeisterung des Moments verflogen ist.« Es ist das eine, mit einem Arzt übereinzustimmen, dass man sich die nächsten fünfzehn Jahre voll einsetzt – es ist etwas ganz anderes, das dann auch die nächsten fünfzehn Jahre zu tun.

Integrität – die Integrität aller Beteiligten von Tag eins an stand nie infrage. *Loyalität* in einem Ausmaß, wie man sie noch nie in einer Familie gesehen hat, die an einem Strang zieht. Das *Vertrauen* in dieser Familie war unglaublich. Man sagte ihnen, dass es Jahre und Jahre dauern würden, bis sie irgendeine Veränderung bei Davids Zustand sehen würden – dazu gehörte ein unglaubliches Vertrauen in das Ergebnis. Und *Liebe* – diese Geschichte ist eine der wunderbarsten Liebesgeschichten, die ich je gehört habe. Als David etwa zwei Jahre alt war, mussten sie ihm jeden Abend schwere Beinschienen anlegen und sie nach und nach enger stellen.

Jeden Abend, wenn Bernie oder seine Frau David die Beinschienen anlegten, standen ihm Tränen in den Augen. Er war ein wunderschönes Kind mit grünen Augen, kohlschwarzem Haar und dunklem Hautton. Mit Tränen in den Augen fragte er: »Mommy, müssen wir sie heute Abend anlegen? Daddy, müssen wir sie so eng machen?« Es ist wohl klar, dass jedes Elternteil der Welt dem nachgegeben hätte. Aber Davids Eltern liebten ihn so sehr, dass sie Nein zu den Tränen des Augenblicks sagen mussten – um Ja zum Lachen eines ganzen Lebens zu sagen.

Wenn man jemanden wirklich liebt, tut man das, was am besten für den Menschen ist. Die richtige, positive Einstellung wurde Tag und Nacht beibehalten. Jeden Abend hielt Bernie David in den Armen und sagte: »Sohn, du bist ein Champ. Du wirst bald alles tun können, was du willst. Dad liebt dich und Mom liebt dich auch.«

Bernie war einer der ersten, die sich einen Kassettenrekorder kauften. Als David alt genug war, hörte er sich jeden Tag während seiner Therapiesitzungen motivierende Geschichten an, die sein *Selbstbild* aufbauten. *Beziehungen* – vermutlich hat niemand so eng und gut mit anderen zusammengearbeitet wie David.

David hat sein ganzes Leben an seinen *Zielen* gearbeitet. Wir haben über tägliche, langfristige und große Ziele geredet – David hat zu vielen Gelegenheiten an stündlichen Zielen gearbeitet.

Wenn wir von *Verlangen* reden – dieser junge Mann hat dabei wohl jeden übertroffen, den ich je gekannt habe. Die physischen Anstrengungen waren absolut astronomisch. David stellte ein ganzes Jahr lang seinen Wecker der Möglichkeiten eine Stunde früher als jedes andere Familienmitglied. Wenn der Wecker klingelte, stand er auf, zog seine Schlittschuhe an und ging hinaus auf den gefrorenen Swimmingpool, um zu trainieren. Er brauchte einen ganzen Winter, nur um zu lernen, wie man auf dem Eis steht. Später spielte er für das Eishockeyteam des Stadtviertels.

Sie haben schon mehrere Male in diesem Buch gelesen, dass Sie alles im Leben haben können, wenn Sie genug anderen Menschen dabei helfen, das zu bekommen, was sie sich wünschen. Nun, ein interessantes Phänomen bei dieser Geschichte ist, dass Bernie, während er damit beschäftigt war, David eine Chance in seinem Leben zu geben, nicht nur seine Arbeit cleverer angehen, sondern auch mehr arbeiten musste. Sieben Jahre lang arbeitete Bernie sieben Tage und sieben Nächte die Woche. Er nahm sich nur einen Freitagabend in sieben Jahren frei, um seinem Sohn finanziell alles bieten zu können, was er brauchte. Bernie Lofchick wurde zu einem außergewöhnlich reichen Mann. Aber es geht noch weit darüber hinaus.

☑ Wir gehen nie allein durchs Leben.

Andere anrühren

Was mit uns passiert, hat auch Auswirkungen auf andere Menschen. Lassen Sie mich von einer weiteren interessanten Anekdote erzählen, die die Tatsache erläutert, dass wir nie alleine durchs Leben gehen.

Ich hielt eine Rede in Lubbock, Texas, und erzählte Davids Geschichte. Ein junges Pärchen saß ganz vorn, und als ich die Geschichte erzählte, waren sie sichtlich bewegt und baten mich nach der Präsentation, mich privat sehen zu dürfen. Sie wollten den Namen des Arztes wissen, der die Nachfolge von Dr. Pearlstein angetreten hatte, als dieser in Rente ging. Dieses Paar hatte ein eineinhalb Jahre altes Mädchen, bei dem Zerebralparese diagnostiziert worden war.

Ich gab ihnen den Namen des Arztes und sie flogen nach Chicago für eine Untersuchung. Der Doktor untersuchte das kleine Mädchen gründlich und als er fertig war, sagte er: »Dieses Mädchen hat keine Zerebralparese. Sie wurde zu früh geboren und entwickelt sich etwas langsamer. Sie wurde falsch diagnostiziert, aber weil Sie sie behandelt haben, als hätte sie Zerebralparese, hat sie einige der Symptome der

Krankheit entwickelt. Bringen Sie sie nach Hause und behandeln Sie sie wie ein normales, gesundes kleines Mädchen und sie wird ein normales, gesundes kleines Mädchen werden.«

Davids Geschichte beinhaltet eine Menge der wichtigsten Prinzipien des Lebens. Es war nicht leicht, aber ich glaube, Sie werden zustimmen, dass wir eine Menge aus dieser Geschichte lernen können.

Ich habe über die Jahre häufig gedacht: *Ich frage mich, wie viel größer, schneller, stärker und schlauer ... wie viel mehr David hätte sein können, wenn er die gleichen Chancen im Leben gehabt hätte, die Sie und ich haben.* Eines Tages traf es mich wie ein Vorschlaghammer. Wäre er von der Natur mit mehr Möglichkeiten bedacht worden, hätte es für ihn mit weniger, vielleicht viel weniger geendet. Vielleicht ist das der Grund, wieso Gott uns in seinem Buch sagte, dass wir Ihm für alles danken sollen.

Was ist das Ende der Geschichte? Nun, die Geschichte wird immer noch geschrieben, aber ich kann Sie auf den neuesten aktuellen Stand zum Zeitpunkt dieser Niederschrift bringen. David Lofchick ist ein gut aussehender junger Mann, 29 Jahre alt, 88 Kilogramm schwer, gesund, glücklich verheiratet und stolzer Vater. Und die letzten zwei Jahre war er der Starverkäufer für Eigentumswohnungen einer Immobilienfirma in Winnipeg, Kanada. Sein Leben und seine Karriere verlaufen großartig. Die Prinzipien, die er als Kind gelernt hat, haben ihm seitdem gute Dienste geleistet und werden es für den Rest seines Lebens tun.

Sehen Sie, es geht nicht wirklich um diese Geschichte; es geht um die Prinzipien des Lebens. Wenn Sie diese Prinzipien anwenden, diese Schritte unternehmen und am Ball bleiben, werden Sie Ihre Ziele erreichen.

Das Ziel ins Auge fassen

Wenn »schlechte« Dinge passieren, ziehen Sie mit der richtigen Einstellung und *Verlangen* einen Nutzen daraus? Oder lassen Sie häufiger zu, dass Sie davon – aufgrund von Zweifeln und Selbstzerfleischung – gelähmt werden? Schreiben Sie Ihre Antworten auf.

Davids Geschichte verdeutlicht viele sehr wichtige Prinzipien des Lebens, inklusive der folgenden. Haben Sie diese Prinzipien im Lauf Ihres Lebens entwickelt oder arbeiten Sie immer noch daran, sie zu Grundlagen Ihrer Persönlichkeit, Einstellung oder Ihres Seins zu machen? Nehmen Sie jedes davon ernsthaft unter die Lupe und identifizieren Sie jedes Attribut mit dem entsprechenden Buchstaben: GE = gut entwickelt; E = entwickelt; M = mittelmäßig; MEW = muss entwickelt werden; BDH = braucht dringend Hilfe.

Ehrlichkeit ________

Charakter ________

Integrität ________

Loyalität ________

Optimistische Einstellung ________

Vertrauen mir selbst und anderen gegenüber ________

Liebe zu mir selbst und anderen ________

Positives Selbstbild ________

Gesunde Beziehungen ________

Das Verlangen, meine Ziele zu erreichen ________

Solides Fundament, basierend auf allem oben genannten ________

Beschließen Sie, alle MEWs und BDHs so schnell wie möglich zu GEs zu machen. Schreiben Sie die Schritte auf, die für diese Veränderungen notwendig sind.

KAPITEL 6

ES GIBT NICHTS UMSONST

Vor vielen Jahren hat ein weiser alter König alle seine weisen Berater zusammengerufen und gesagt: »Ich will, dass ihr hinaus in die Welt zieht und für mich die Weisheit aller Zeitalter zusammentragt. Ich will, dass ihr sie in Buchform bringt, damit wir sie der Nachwelt hinterlassen können.« Also zogen sie hinaus in die Welt und arbeiteten eine lange Zeit. Sie kamen wieder und hatten zwölf gewaltige Bände dabei.

Der weise König sah auf sie hinab und sagte: »Nun, ich bin sicher, das ist die Weisheit aller Zeitalter, aber es ist zu lang. Das werden die Leute nicht lesen. Fasst es kürzer.« Sie gingen und kamen dieses Mal mit einem großen Band zurück.

Wieder sagte der weise König, dass es immer noch zu lang wäre und sie es zusammenfassen sollten. Dann kamen sie mit nur einem Kapitel, dann einer Seite, dann einem Absatz und schließlich mit einem einzelnen Satz zurück.

Der König betrachtete den Satz und sagte: »Das ist es! Das ist wahrlich die Weisheit aller Zeitalter. Sobald jeder in der ganzen Welt das gelernt hat, werden wir viele unserer Probleme gelöst haben.«

> ☑ **Arbeit ist die Grundlage jedes Unternehmens, die Quelle allen Reichtums und sie bringt Genie hervor.**

Der Satz lautete einfach: »Nichts ist umsonst.«

Der weise, alte König hatte den Nagel buchstäblich auf den Kopf getroffen. Wenn Menschen lernen, dass sie ein paar Blasen in Kauf nehmen müssen, wenn sie sich ihren Platz an der Sonne sichern wollen, ist schon viel erreicht. Arbeit ist der Preis, den wir bezahlen, wenn wir auf der Straße des Erfolgs reisen wollen. Wir können uns am besten davor schützen, das letzte Hemd zu verlieren, wenn wir die Ärmel hochkrempeln. Viele Menschen glauben, dass Erfolg von Drüsen abhängt; und sie haben natürlich recht, wenn es um die Schweißdrüsen geht.

Die Vereinigten Staaten von Amerika wurden von Menschen errichtet, die sich ins Zeug legten, nicht von denen, die sich auf den Lorbeeren ausruhten. Lesen Sie diesen Satz erneut und denken Sie darüber nach – er ist wichtig. Jemand schrieb einmal, *dass Arbeit die Grundlage jeden Unternehmens ist, die Quelle allen Reichtums, und dass sie Genie hervorbringt.* Arbeit trägt mehr dazu bei, dass ein Jugendlicher oder eine Jugendliche vorankommen, als seine oder ihre Eltern. Arbeit zeigt sich in den bescheidensten Ersparnissen und bildet die Grundlage für jedes Vermögen. Arbeit ist das Salz, das dem Leben Geschmack gibt; aber man muss sie lieben, bevor sie ihre reichsten Segnungen ausschüttet und zu den größten Erfolgen führt. *Wenn man sie liebt, macht die Arbeit das Leben angenehm, zweckvoll und fruchtbar.*

☑ Wenn man sie liebt, macht die Arbeit das Leben angenehm, zweckvoll und fruchtbar.

Arbeit und Integrität

Seit Anbeginn der Zeit ist, »ohne Fleiß kein Preis« eine anerkannte Tatsache. Menschen in der Regierung, im Bildungsbereich, im religiösen Bereich, der Industrie und in jedem Lebensbereich stimmen überein, dass man nichts umsonst bekommt. Aber ohne guten Grund haben einige Bundesstaaten beschlossen, Pferderennen, Hunderennen, Casinos, staatliche Lotterien und Ähnliches zu legalisieren. Kein Wunder, dass unsere Kinder verwirrt sind. In einer Minute sagen wir, dass man arbeiten muss und im nächsten Moment, dass man sich den Reichtum auch erspielen kann.

Ein weiser Mann beobachtete, dass die »Erfolgsfamilie« die Arbeit zum Vater und die Integrität zur Mutter hat. Sie glauben vielleicht: Jetzt warte mal eine Minute, Ziglar, auf diesen ganzen Seiten hast du mir erzählt, dass ich ein gutes, solides Fundament brauche, und ich stimme dem zu. Und ich muss Ziele und ein starkes *Verlangen* haben – dem stimme ich ebenfalls zu. Und jetzt erzählst du mir, nach all dem muss ich auch noch arbeiten?

Ja, genau das sage ich. Die wunderbarste Philosophie in der Welt wird nicht funktionieren, wenn Sie nicht die nötige Arbeit leisten. Bildung und Motivation helfen eine Menge, aber sie lassen nichts wachsen. Das sind einfach die Tatsachen des Lebens.

Selbst Adam und Eva mussten den Garten Eden bewirtschaften. Sie waren von Anfang an dort, um zu arbeiten. Wir müssen diese Tatsachen über Arbeit schon früh im Leben lehren. Wir erwarten heute zu oft von unseren Kindern, dass sie etwas leisten, aber dann geben wir ihnen einfach alles – sodass sie im Leben nichts selbst leisten müssen. Es gibt ein uraltes jüdisches Sprichwort, das lautet: Wenn man Kindern nicht das Arbeiten beibringt, zieht man Diebe groß. Ich glaube, da ist was dran.

Da wir gerade beim Thema Bildung sind – William Bennett, der U.S.-Bildungsminister von 1985 bis 1988, hat in einem Artikel in der *New York Times* folgende Beobachtung gemacht: »Eine der unausgesprochenen Wahrheiten der Bildungsproblematik ist, dass es tatsächlich keinen Zusammenhang gibt zwischen den Geldmitteln, die für Bildung ausgegeben werden und exzellenten Leistungen im Bildungsbereich.« Mit anderen Worten, wir müssen mehr tun, als nur für Bildung zu bezahlen.

☑ Bildung hängt von Motivation ab und davon, sich eine positive Arbeitseinstellung anzugewöhnen.

Die Fakten sind unumstößlich. Von 1960 bis 1985 haben sich die nationalen Ausgaben in den USA für Bildung fast verdreifacht – während die Ergebnisse der Studienfähigkeits-Tests in den Keller fielen. Einige der teuersten öffentlichen Schulen im Land gehörten zu den am wenigsten effizienten. Verglichen mit ihren öffentlichen Gegenstücken sind die privaten kirchlichen Schulen billig. Aber niemand kann bezweifeln, dass sie effektiver sind – wie immer und immer wieder demonstriert wurde. *Bildung hängt von Motivation ab und davon, sich eine positive Arbeitseinstellung anzugewöhnen.* Die präzisesten Indikatoren für Bildungsleistungen sind weder Geld noch Klassengröße – es ist die Qualität der Hausaufgaben, die aufgegeben und erledigt werden.

Das wurde jüngst in einer Veröffentlichung des U.S.-Bildungsministeriums bestätigt mit dem Titel*: What Works: Research about Teaching and Learning*. Das wurde dabei festgestellt.

Ich glaube, wir haben kein Bildungsproblem; ich glaube, wir haben ein Gesellschaftsproblem. Wir müssen verstehen, dass wir auch nach Milliardeninvestitionen in Schulen immer noch die Arbeit leisten müssen, um die Informationen aus einem Buch herauszufiltern und in die Köpfe der Schüler zu bekommen.

Wir müssen Schülern früh beibringen – und diese Lektion auch selbst beherzigen –, *dass sie nie für jemand anderen arbeiten*. Niemals. Jemand anders stellt Ihnen vielleicht den Scheck aus und unterschreibt ihn. Aber die Wahrheit ist, *Sie arbeiten für sich selbst*, da Sie derjenige sind, der letztlich bestimmt, welcher Betrag auf dem Scheck steht. Wir müssen das lernen und es auch lehren.

Jede Arbeit ist ein Selbstporträt der Person, die sie erledigt hat. Wie ein Porträtmaler, der ein Bild mit seinem Namen signiert, sollten wir unsere Arbeit signieren, jede Arbeit, und zwar, indem wir sie exzellent erledigen. Wenn Sie mehr tun, als wofür Sie bezahlt werden, werden Sie irgendwann für mehr bezahlt, als Sie tun.

Eines der großartigen Privilegien, über die ich verfügte, war die Tatsache, dass ich wichtige Lektionen als Kind lernte. Meine Mutter hat gegen Ende ihres Lebens oft gesagt, dass sie zutiefst bedauerte, dass ihre Kinder so hart arbeiten mussten, als sie Kinder waren. Jeder von uns versicherte ihr wiederholt, dass es sehr nützlich war, das Privileg gehabt zu haben, von jungen Jahren an arbeiten zu dürfen und ich glaube, wir haben sie schließlich davon überzeugt.

Jede Arbeit ist ein Selbstporträt der Person, die sie erledigt hat.

Mehr Arbeit, mehr Bezahlung

Während der Weltwirtschaftskrise war ich noch ein Junge, der in einem Gemischtwarenladen in Yazoo City, Mississippi, arbeitete. Buchstäblich 90 bis 95 Prozent des Geschäfts wurde zwischen Freitagmittag und elf Uhr am Samstagabend abgewickelt. Dann kamen die Farmer und kauften ihre Vorräte; und all die Leute, die in der Stadt wohnten, erhielten ihre Bezahlung am Freitag, also hatten sie dann Geld.

Weil Geld damals überall knapp war, kaufte der Chef nur gerade genug Vorräte, wie er glaubte, in dieser Woche verkaufen zu können. Die Läden hatten damals nicht viel Inventar, also baten die Ladenbesitzer, wenn ihnen bestimmte Artikel ausgingen, andere Ladenbesitzer um Hilfe, um sich etwas aus ihrem Inventar zu borgen. Ein junger Mann namens Charlie Scott arbeitete auf der anderen Seite der Straße; er war der Botenjunge für diesen Laden. Ich war der Botenjunge für unseren Laden.

Ich würde wetten, dass Charlie zehntausend Mal durch die Vordertür unseres Ladens gerast kam. Er rannte rein und sagte zum Besitzer: »Mr. Anderson, ich muss ein halbes Dutzend Tomatendosen borgen.« Der Chef sagte dann: »Charlie, du weißt, wo sie stehen. Hole sie dir.« Charlie rannte zum hinteren Bereich des Gangs, schnappte sich sechs Tomatendosen, rannte zum Verkaufstresen, stellte sie hin, kritzelte seinen Namen auf die Quittung, die Mr. Anderson unterschrieben hatte, schnappte sich seine Tomatendosen und rannte davon.

Eines Tages fragte ich Mr. Anderson: »Wieso hat es Charlie immer so eilig?«

Mr. Anderson sagte: »Charlie arbeitet daran, eine Gehaltserhöhung zu erhalten. Sieht so aus, als würde er sie auch bekommen.«

»Woher wissen Sie, dass Charlie eine Gehaltserhöhung bekommen wird?«

Mr. Anderson grinste und sagte: »Charlie wird die Gehaltserhöhung bekommen, weil ich ihm eine geben werde, wenn es der Mann nicht tut, für den er arbeitet.«

Es ist eine unumstößliche Wahrheit, dass Sie letztlich mehr verdienen werden, für das, was Sie tun, wenn Sie mehr tun, als wofür Sie bezahlt werden. Die Person, für die Sie arbeiten, tut es vielleicht nicht, aber irgendjemand wird sehen, was Sie leisten und Ihnen die Extrabezahlung geben, die Sie verdienen. Das *Engagement zählt.*

Ich bin überzeugt, einer der Gründe, wieso die Vereinigten Staaten ein Importdefizit haben, besteht darin, dass beispielsweise unsere japanische Konkurrenz härter arbeitet als wir – sie sind nicht besser, aber sie arbeiten härter. Der durchschnittliche Highschool-Absolvent hat mehr Stunden im Klassenzimmer verbracht als der durchschnittliche amerikanische Collegeabsolvent. Der durchschnittliche japanische Student verbringt etwas über drei Stunden außerhalb eines Klassenzimmers, um zu arbeiten; der durchschnittliche amerikanische Student verbringt etwas weniger als eine halbe Stunde damit, außerhalb des Klassenzimmers zu lernen. Sie können mir nicht weismachen, dass all diese Hunderte zusätzliche Stunden nicht zu einer Veränderung führen. Das tun sie. Das ist einfach eine Tatsache.

☑ Wenn Sie mehr tun, als wofür Sie bezahlt werden, werden Sie irgendwann für das, was Sie tun, besser bezahlt werden.

Die Japaner sind nicht schlauer als wir, aber sie arbeiten härter, um ihre Ziele zu erreichen. Wenn man in Japan einen durchschnittlichen Teenager fragte, welche Universität er besuchen wird, für welches Unternehmen und für welche Abteilung er arbeiten wird, was er in fünf und in zehn Jahren tun wird – kann er es Ihnen sagen.

Andererseits können Ihnen durchschnittliche amerikanische Jungen im Teenageralter sagen, wie viel Geld Michael Jackson für den Pepsi-Werbespot bekommen hat, wie viel Geld Herschel Walker bekam, als er den Vertrag bei den Cowboys unterschrieb, wie viel Platten Bruce Springsteen verkauft hat, und wie viele Homeruns Reggie Jackson geschlagen hat. Aber unterhalten Sie sich mit ihnen über die Arbeitswelt und Sie reden über eine ganz andere Situation. Im Allgemeinen identifizieren sie sich eher mit der Welt des Spiels.

Das darf man nicht missverstehen – es ist nicht der Fehler der Kinder. Wir Erwachsenen müssen diejenigen sein, die die Arbeit tun und den Kindern etwas beibringen, ihnen ein Vorbild sein. Wir sollten unseren Kindern beibringen, dass sie jede Arbeit so enthusiastisch und so gut erledigen sollten, sodass sie, wie Charlie Scott, von der Position, auf der sie sich befinden, auf eine andere aufsteigen können.

Ich gab an der Mississippi State University ein Seminar und erzählte die Geschichte von Charlie Scott. Als das Seminar vorbei war, kam jemand zu mir und fragte: »Wann haben Sie das letzte Mal Charlie gesehen?« Ich sagte ihm, dass es schon viele Jahre her war.

Er meinte: »Sie würden ihn vermutlich nicht erkennen, oder?«

> ☑ **Vermutlich das Erniedrigendste, was einem in der Arbeitswelt widerfahren kann, ist es, einen Job zu verlieren, für den man überqualifiziert war.**

»Nein, ich nehme an, das würde ich nicht. Es ist zu lange her.«

Der Mann sagte: »Nun, das dachte ich mir, denn ich bin Charlie Scott.«

Charlie war mittlerweile ein reicher Mann geworden. Er hatte sich mit 50 zur Ruhe gesetzt, um genau das zu tun, was er im Leben tun wollte. Der Grund dafür war, dass er das, was er als Kind im Gemischtwarenladen gelernt hatte, in seiner Karriere anwendete. Er hatte sich immer etwas mehr angestrengt und die erwarteten Resultate erzielt.

Geben Sie Ihr Bestes

Vermutlich das Erniedrigendste, was einem in der Arbeitswelt widerfahren kann, ist es, einen Job zu verlieren, für den man überqualifiziert war. Das passiert häufig. Man bekommt eine Stelle, über die man meilenweit erhaben ist und denkt sich, *das könnte ich im Schlaf machen,* und das tut man dann im Allgemeinen auch. Wenn man aus einem Job gefeuert wird, für den man überqualifiziert war, was soll man dann dem nächsten künftigen Arbeitgeber erzählen. Wollen Sie ihm sagen, Sie wurden aus einer Arbeit entlassen, die darin bestand, Sand in einen Sack zu schaufeln und Sie waren dem nicht gewachsen? Wie auch immer der Job aussieht, die beste Methode, sich für den nächsten zu qualifizieren, besteht darin, überragend auf der aktuellen Arbeitsstelle zu sein.

Vor einigen Jahren gingen meine Frau, unser Sohn und ich in ein Steakhaus. Nachdem wir uns gesetzt hatten, kam ein junger Kellner an den Tisch und goss uns Wasser ein. Er schnappte sich das erste Glas, goss Wasser hinein, dann das nächste, goss Wasser ein, und dann das letzte. Ich beobachtete ihn genau und seinen Gesichtsausdruck muss man gesehen haben. Als er fertig war, fragte ich: »Mögen Sie Ihren Job nicht?«

Er grummelte, »Nein, tue ich nicht.«

»Machen Sie sich keine Sorgen«, sagte ich. »Sie werden ihn nicht lange haben.«

Er sah mich geschockt an und sagte: »Wovon reden Sie?«

Ich meinte: »Junger Mann, lassen Sie mich Ihnen etwas sagen – mit dieser Einstellung garantiere ich Ihnen, dass Sie diesen Job nicht sehr lange haben werden.«

Er drehte abrupt um und ging durch die Tür in die Küche. Als wäre er wütend auf die ganze Welt, marschierte er durch die Schwingtür und schob dann sofort die andere Seite der Tür auf, kam zurück und hatte dabei das breiteste Grinsen auf dem Gesicht – ein dramatischer Unterschied zu vorher!

Wie Ihre Arbeit auch immer aussieht, tun Sie Ihr Bestes.

Enorme Befriedigung

Zweifellos kennen Sie Michael Landon. Er spielte in einigen wunderbaren Fernsehserien, wie *Bonanza*, *Unsere kleine Farm* und *Ein Engel auf Erden*. Seine erste Arbeitsstelle bestand darin, in einer Bänderfabrik Bänder zu schneiden. Dafür braucht man nicht viel Fertigkeiten. Aber Michael Landon sagte, er habe sich angewöhnt, in jedem Job sein Bestes zu geben und als er sein Bestes gab, zog er laut seiner Aussage enorme Befriedigung aus der Arbeit.

Eine Arbeitsstelle hinter sich zu lassen, die man nicht mag, funktioniert am besten, wenn man sie so außergewöhnlich gut macht, dass niemand es sich leisten kann, Sie in dieser Position zu belassen.

> ☑ **Alles, was es wert ist, getan zu werden, kann man wenigstens schlecht tun – bis man lernt, es besser zu tun.**

Wenn Sie wirklich vorankommen wollen, gehen Sie früh zur Arbeit, das weist auf den Ehrgeiz hin, mit der Arbeit anzufangen. Aber wenn Sie lange bleiben, könnte das einfach nur andeuten, dass Sie mit der Arbeit nicht fertig geworden sind. Seien Sie enthusiastisch über Ihre Aufgabe und versuchen Sie, mehr darüber zu lernen. Wenn Sie dann zehn Jahre bei einem Unternehmen waren, haben Sie zehn Jahre

Erfahrung, nicht die Erfahrung eines Jahres mal zehn – so bekommt man keine Beförderung.

Mein Freund Steve Brown sagte: »Denke daran, alles, was es wert ist, getan zu werden, kann man wenigstens schlecht tun – bis man lernt, es besser zu tun.« Häufig fühlen wir uns gehemmt, etwas anzugehen, denn wir sind uns unserer Fertigkeiten unsicher. Aber, wenn der Arbeitgeber, unser Chef, will, dass wir etwas tun, sollten wir sagen: »Sicher, ich gebe mein Bestes. Ich habe es vorher noch nie getan, aber das bedeutet nicht, dass ich es nicht kann. Ich werde mir Mühe geben, herauszufinden, wie es funktioniert.«

Werfen Sie einen Blick auf die Einstellung des alten Mannes, der seinen hundertsten Geburtstag feierte. Irgendein Klugschwätzer sagte: »Hey, Opa, versuchst du als Nächstes die 200?« Der Mann sagte: »Na ja, ich will es mal so ausdrücken, ich bin sehr viel kräftiger als bei meinem ersten Geburtstag.« Ein anderer Schlaukopf meinte: »Opa, kannst du Klavier spielen?« Er sagte: »Keine Ahnung, ich habe es noch nie versucht.« Mir gefällt diese Einstellung.

Traditionellerweise sagen die Menschen, sie können das tun und jenes nicht. Aber, woher wissen sie das, wenn sie es nie versucht haben? *Wenn es eine Chance gibt – geben Sie Ihr Bestes.* Wenn Sie die Dinge tun, die Sie tun sollten, zu dem Zeitpunkt, *wann* Sie diese tun sollten, werden Sie irgendwann in der Lage sein, die Dinge zu tun, die Sie tun wollen, und zwar, wann Sie wollen.

Die folgenden Prinzipien sind dabei von entscheidender Bedeutung:

- *Tun Sie es jetzt. Wenn Sie eine Aufgabe haben, die Sie nicht tun wollen, erledigen Sie diese jetzt. Sie werden sie schneller und mit weniger Ärger fertigstellen können. Man wird Sie vermutlich dafür loben. Aber, wenn Sie es aufschieben, wird man Sie kritisieren, egal, wie das Ergebnis Ihrer Bemühungen aussieht.*

- *Bleiben Sie am Ball. Durchhaltevermögen ist wichtig.*
- *Machen Sie den Fehlschlag zu Ihrem Lehrmeister, nicht zu Ihrem Totengräber – ein Umweg ist keine Sackgasse.*
- *Lernen Sie, Ihre Arbeit zu lieben. Wenn Sie Ihre Einstellung ändern, können Sie lernen, Ihre Arbeit zu lieben. Betrachten Sie Ihre Arbeit als etwas, das Sie gerne tun und überlegen Sie, wie Sie sie besser erledigen können.*

Einige Jahre arbeitete Charles Kettering als Vorarbeiter in einer Abteilung bei General Motors. Eines Tages kam jemand, der nicht in der Firma arbeitete, auf ihn zu, während er bei der Arbeit war und bat Mr. Kettering um Geld für Essen. Mr. Kettering sagte: »Nein, ich werde Ihnen kein Geld für Essen geben, aber ich lade Sie zum Mittagessen ein.« Er lud ihn ein und kaufte ihm eine herzhafte Mahlzeit. Nach dem Essen sagte der Mann: »Ich bin es nicht gewohnt, zu betteln, also würde ich gerne für Sie arbeiten, um mir meine Mahlzeit zu verdienen.« Mr. Kettering sagte: »Okay, ich habe etwas, das Sie tun können.« Die Aufgabe bestand einfach darin, ein Loch zu graben, das sie an einer bestimmten Stelle benötigten.

Charles Kettering zeigte ihm, wie man ein Loch gräbt. Er erklärte ihm, wie man es quadratisch, absolut gerade und den Boden perfekt eben macht. Während Mr. Kettering das Loch grub, war er einigermaßen stolz darauf, es auch richtig zu machen.

Dann übernahm der Mann die Aufgabe und schickte sich an, das Loch zu graben. Er erledigte es sehr gut. Sogar so gut, dass Mr. Kettering ihm eine Arbeitsstelle gab. Der Mann wurde später Vorarbeiter und sagte: »Mr. Kettering, wenn mir jemand früh im Leben gezeigt hätte, wie man eine Arbeit gut erledigt, und dass man stolz ist auf das, was man tut, wäre ich niemals arbeitslos gewesen.«

Arbeit sorgt für mehr als nur unseren Lebensunterhalt: Sie gibt uns ein Leben – unsere Würde und unsere Bestimmung.

Arbeit und Leben

Arbeit sorgt für mehr als nur unseren Lebensunterhalt: Sie gibt uns ein Leben – unsere Würde und unsere Bestimmung.

Vor Jahren waren mehrere Hausschweine in den Smoky Mountains entlaufen und begannen ein Leben in der Wildnis. Über mehrere Generationen wurden die Schweine immer wilder, bis sie sich so sehr an diese Gegend angepasst hatten, dass sie genauso wild wie jedes Wildschwein waren. Weil sie sehr gefährlich geworden waren, beschlossen die Einheimischen, sie loszuwerden. Also heuerten sie Jäger an. Aber die Schweine waren schlau und entkamen den Jägern.

Eines Tages erschien ein alter Mann in dem Dorf, das an einem Berg gelegen war. Er hatte einen Eselskarren dabei mit Holz und Getreide darauf. Er verkündete den neugierigen Menschen um ihn herum, dass er auf den Berg steigen und die Schweine fangen würde. Sie lachten den alten Mann aus, aber er sagte: »Keine Sorge. Ich komme wieder und lasse euch wissen, wo ich die Schweine gefangen habe.« Etwa drei Wochen später kam er wieder und erklärte den Leuten, wo sie die Schweine in einem Stall vorfinden würden.

»Wie zur Hölle hast du das gemacht?«, fragten die Leute.

»Nun, zuerst habe ich einfach das Holz auf den Boden gelegt. Dann habe ich etwas Getreide darum verteilt. Der alte Eber, der die Gruppe anführte, beobachtete das alles aus dem Wald und er führte die Sauen und die Ferkel hinaus und sie schnüffelten herum. Sie brauchten ein paar Stunden, bevor sie sich trauten, etwas von dem

Getreide zu fressen, aber es war da und es schmeckte und es war umsonst – also fraßen sie.«

Er fuhr fort: »Am nächsten Tag kam ich wieder und hob vier Löcher für die Pfosten aus und stellte einen Pfosten in jedes Loch, dann legte ich weiteres Getreide in die Mitte. Sie waren zuerst misstrauisch, aber es gab Getreide, genau wie zuvor. Über zwei Wochen baute ich nach und nach einen Zaun und setzte eine Tür ein, die wie eine Falle zuschnappte. Dann legte ich eine Menge Getreide mitten in den Stall und die Aussicht, etwas umsonst zu bekommen – ein kostenloses Mahl –, hatte sie bereits angelockt. Sie gingen hinein und ich ließ die Tür zuschnappen und verriegelte sie. Sie saßen in der Falle.«

Für mich erzählt diese Geschichte eine Menge über die Arbeit und das Leben. Wenn Sie ein wildes Tier für seine Nahrung von Menschen abhängig machen, zerstören Sie seine Geschicklichkeit und das Tier sitzt in der Falle.

Das bekannte Sprichwort stimmt: Geben Sie jemandem einen Fisch und er hat für einen Tag zu essen. Aber wenn Sie jemandem beibringen zu fischen – für sein Essen zu arbeiten –, kann er sich sein Leben lang selbst ernähren. Wenn Sie Menschen Almosen geben, verweigern Sie ihnen die Würde und berauben sie ihres Schicksals. Wir müssen arbeiten, um uns unseren Weg im Leben zu verdienen – und indem wir das tun, werden wir die Früchte unserer Mühen ernten.

Das Ziel ins Auge fassen

Wie würden Sie in eigenen Worten schriftlich die »Weisheit der Zeitalter« in ein paar Sätzen beschreiben?

Füllen Sie die Leerstellen und fügen Sie die Worte hinzu, die Ihnen in den Sinn kommen:

Arbeit ist die/der/das ______________________ eines jeden Geschäfts, der/die/das ______________________ allen Reichtums und der/die/das ______________________ jeden Genies. Arbeit kann mehr tun, um einen Jugendlichen zu ______________ als seine oder ihre eigenen Eltern.

Arbeit wird repräsentiert in den bescheidensten ______________ und hat die Grundlage jeden ______________________ gelegt. Arbeit ist ______________________, der/die/das dem Leben die Würze gibt, aber sie muss ______________________, bevor sie den größten ______________ bringt und zu den größten Zielen führt.

Wenn ______________, macht die Arbeit ____________ angenehm, zweckvoll und fruchtbar.

Gehen Sie gerne Risiken ein? Nutzen Sie jede Gelegenheit? Gibt es dazwischen einen Unterschied? Wie wahrscheinlich ist es, dass Sie ein potenziell lohnendes Risiko eingehen oder eine Chance ergreifen, die sich Ihnen bietet? Schreiben Sie Ihre Gedankengänge dazu auf.

»Arbeit sorgt für mehr als nur unseren Lebensunterhalt: Sie gibt uns ein Leben – unsere Würde und unsere Bestimmung.« Wie wahr ist diese Aussage, wenn Sie sie auf Ihr Leben anwenden, so wie es sich heute darstellt? Wird diese Aussage wahr werden, wenn Sie die Ziele erreichen, die Sie sich setzen und darauf hinarbeiten?

KAPITEL 7

DER BESTE JOB DER WELT

Ändern Sie die Einstellung Ihrem Job gegenüber, weg von etwas, das Sie tun *müssen*, zu etwas, das Sie tun *dürfen*. Wenn Sie Ihre Einstellung ändern, wird sich das beträchtlich auf Ihre Leistung auswirken.

Vor ein paar Jahren kehrten mein Sohn und ich nach den Weihnachtsfeiertagen aus Phoenix zurück. Ich reiste mehrere Jahre regelmäßig dorthin, um in einem großen Golfturnier zu spielen. Mein Sohn hatte dieses Mal mitgespielt und wir waren enthusiastisch, begeistert und hatten jede Menge Spaß.

Als wir zum Schalterangestellten am Gate gingen und ich die Tickets auf den Schalter legte, sagte ich zu ihm: »Hi! Wie geht es Ihnen?«

»Verglichen womit?«, fragte er grimmig.

Ich lächelte und sagte: »Nun, verglichen mit all den Menschen, die verglichen mit Ihnen keinen wunderbaren Job bei einer tollen Firma haben, die nicht in Amerika leben, mit dem freien Unternehmertum, in dem man all die Freiheiten genießen kann, die das Leben zu bieten hat und großartige Chancen hat, im Job voranzukommen und den Menschen eine echte Dienstleistung zu bieten und gleichzeitig noch gesund zu sein. Also, wie geht es Ihnen?«

Der Schalterangestellte grinste von einem Ohr zum anderen und sagte: »Es geht mir um einiges besser als vor einer Minute!« Interessanterweise stufte er uns beide höher, nämlich in die erste Klasse ein! Wenn man sich klarmacht, dass es Millionen Menschen gibt, die keine Arbeit haben, ist es leicht, die eigene Arbeitsstelle in der richtigen Perspektive zu sehen.

Wenn Sie Ihre Einstellung ändern, wird es Ihre Leistung enorm beeinflussen.

Machst du Witze?

Ich liebe die Geschichte der beiden Damen, die in ihrem Job sehr unzufrieden geworden waren. Sie behaupteten, dass es ihnen elend ginge und sie unglücklich wären, um es milde auszudrücken. Sie sagten sich, dass sie die Nase voll hätten und am nächsten Freitagnachmittag kündigen wollten. Donnerstagabend trafen sie sich, um einen Plan für den nächsten Morgen zu schmieden. Sie wollten sich an ihrem letzten Tag hübsch anziehen, die Küche und den Bereich in der Firma darum sauber machen, alles aufräumen und Kaffee machen und wenn die ersten Angestellten erschienen, wollten sie jedem eine Tasse Kaffee geben und besonders dankbar, nett und liebenswert ihnen gegenüber sein.

Als die erste nichts ahnende Angestellte hereinkam, begrüßte sie eine der Frauen und sagte: »Guten Morgen. Ich wusste nicht, dass du so früh kommst. Du siehst aber gut aus heute. Komm herein, ich habe eine Kanne Kaffee gemacht. Setz dich. Ich schenke dir eine Tasse ein.«

Die Angestellte war verblüfft, denn sie kannte die andere Frau und wusste, was für eine Einstellung sie sonst an den Tag legte. Also bedankte sie sich wortreich und sagte ihr, wie sehr ihr diese morgendliche Begrüßung gefallen hatte. Eine weitere Mitarbeiterin kam herein und sie wurde auf die gleiche Weise behandelt. Dann die dritte, vierte und so weiter.

Dann kam der erste Kunde herein und eine der Frauen begrüßte ihn enthusiastisch und sagte: »Sie sind der erste Kunde heute und ich weiß schon jetzt, dass es ein wunderbarer Tag werden wird, denn ich wette, dass jeder heute so sein wird wie Sie – angenehm, fröhlich und freundlich.« Der Kunde war erstaunt und sagte: »Meine Güte. Ich danke Ihnen ganz herzlich und weiß es sehr zu schätzen, so begrüßt zu werden.«

Den ganzen Tag machten die beiden Frauen so weiter. Um 4 Uhr nachmittags hatten sie eine kleine Verschnaufpause, als der Kundenverkehr nachließ, und die beiden Frauen setzten sich zu einem kurzen Gespräch zusammen. Eine sagte zur anderen: »Wann wirst du es ihnen sagen? Oder soll ich es ihnen sagen?«

Und die andere fragte: »Wovon redest du?«

»Du weißt schon. Wer wird ihnen sagen, dass wir heute kündigen?«

»Den besten Job kündigen, den ich je hatte? Machst du Witze?«

Soweit ich weiß, ist das eine wahre Geschichte. Wenn Sie Ihre Einstellung gegenüber Ihrem Job ändern, wird das Ihre Leistung in der Arbeit enorm beeinflussen. Was Sie *außerhalb* der Arbeit machen, spielt eine wesentliche Rolle dabei, wie weit Sie *im* Job kommen.

> ☑ **Was Sie *außerhalb* der Arbeit machen, spielt eine wesentliche Rolle dabei, wie weit Sie *im* Job kommen.**

Verlangen Sie mehr von sich selbst

Ein weiteres Prinzip besteht darin, mehr von sich selbst zu verlangen. Basketballtrainer John Wooden von der University of Los Angeles sagte, man wird wenig Spaß, Befriedigung oder Freude aus etwas ziehen, das leicht ist. Einmal zu versagen ist nicht tödlich, aber dabei zu versagen, sich zu ändern, kann es sein.

Trainer Wooden war einer der erfolgreichsten Basketballtrainer der Geschichte. Er hat noch keine einzige Saison verloren; hat zehn von zwölf nationalen Meisterschaften mit der Universitätsmannschaft gewonnen, sieben davon am Stück. Wooden sagte, er betrachte die Moral der Spieler genauso sorgfältig wie ihre Schnelligkeit.

Wir müssen verstehen, dass Anstrengung der Schlüssel ist, aber Richtung und Loyalität von entscheidender Bedeutung. Es macht keinen Sinn, großartig bei etwas zu sein, was man gar nicht tun sollte. Effizienz bedeutet, etwas richtig zu machen. Effektivität bedeutet, die richtigen Dinge effizient zu tun. Harte Arbeit plus traditionelle Werte sind eine Gewinnerkombination.

☑ Hundert Prozent sagten, harte Arbeit war der Schlüssel zum Erfolg.

Bei Korn Ferry International hat man in Zusammenarbeit mit der UCLA School of Management eine Studie durchgeführt, an der 1361 Manager teilnahmen, die ein Durchschnittseinkommen von 215.000 Dollar hatten. Die erfolgreichsten waren schon seit 15 Jahren auf ihrer Position und hatten insgesamt nur zwei Arbeitsstellen bekleidet. Außerdem waren 87 Prozent mit ihrer ersten Frau verheiratet; 89 Prozent hatten zwei, drei, vier oder mehr Kinder; 71 Prozent sagten, Integrität sei ihr wichtigstes Asset; und 100 Prozent von ihnen sagten, *harte Arbeit war der Schlüssel zum Erfolg.*

U.S. News and World Report berichtete am 13. Januar 1986 über die eine Million Millionäre in den Vereinigten Staaten. Durchschnittlich hatten sie zwanzig bis dreißig Jahre gebraucht, um ihr Vermögen zu erwerben und sie verdienten ihr Geld, indem sie grundlegende menschliche Bedürfnisse erfüllten.

Clarence Pendelton, Chairman der U.S. Commission on Civil Rights von 1981 bis 1986 sagte mir persönlich, aufgrund der Studien, die er durchgeführt hatte – besonders unter Schwarzen, von denen sich so viele falschen Hoffnungen hingeben, wie man es in die oberen Ränge von Sport, Musik und Entertainment schafft –, besteht eine tausendfach höhere Chance, dass ein junger schwarzer Athlet als Arzt oder Anwalt erfolgreich wird, statt als Profisportler.

Wenn Sie darüber nachdenken, was Sie im letzten Kapitel über *Verlangen* gelesen haben, so ist das einer der Gründe, wieso ich die Geschichte über den jungen Mann erzählte, der unbedingt Boxweltmeister im leichten Schwergewicht werden wollte und doch scheiterte – weil es ihm an den Fertigkeiten und der Erfahrung fehlte. Ich glaube, wenn wir zunehmend unsere jungen Menschen auf Ziele ausrichten, haben sie eine tausendmal höhere Chance, sie auch zu erreichen und wir werden dem Land und unserer Jugend einen viel größeren Dienst erwiesen haben.

Eine Lewis-Harris-Umfrage unter Menschen, die ein Einkommen von 142.000 Dollar oder mehr pro Jahr und ein Gesamtvermögen über einer Million Dollar hatten, ihr Haus nicht eingerechnet, beschrieb diese erfolgreichen Leute als:

- Unaufgeregt
- In mittlerem Alter
- Vorsichtig
- An Familienwerten und Arbeitsethik orientiert
- 83 Prozent waren verheiratet
- 96 Prozent haben ihr Vermögen durch harte Arbeit erhalten
- 80 Prozent sind politisch konservativ oder in der politischen Mitte verortet
- Relativ wenig materialistisch
- Ihr Hauptziel war es, für die Familie zu sorgen – 85 Prozent gaben das als Hauptziel an
- 11 Prozent sahen es als hohe Priorität, ein teures Auto zu besitzen

- Prestige und die Merkmale des Erfolgs waren ihnen weniger wichtig als Familie, Bildung und ihre Unternehmen oder ihre Arbeit

Nicht viel Aufregendes, aber jede Menge Lebensglück. Diese erfolgreichen Menschen haben einen hohen Lebensstandard; aber, was noch unendlich viel wichtiger ist – sie haben eine hohe Lebensqualität. *Ausdauernde, anhaltende, disziplinierte harte Arbeit ist der entscheidende Faktor.*

Harte Arbeit ist der entscheidende Faktor

Thomas Edison wird oft als das herausragende erfinderische Genie in der Geschichte unseres Landes gesehen. Tatsächlich hat er viele erfolgreiche Erfindungen gemacht; besonders, wenn man bedenkt, wie viel er gearbeitet hat, ist es leicht zu verstehen, wieso er so erfolgreich war. Sie haben vielleicht die Geschichte über einen jungen Reporter gehört, der ihn einmal besucht hat und sagte: »Mr. Edison, ich habe gehört, dass Sie ein Experiment zehntausend Mal durchgeführt haben.« Das war während der Zeit, als er an der Erfindung der Glühbirne arbeitete.

Mr. Edison sagte: »Das stimmt.«

Der Reporter fragte: »Wie fühlt es sich an, zehntausend Mal gescheitert zu sein?«

Mr. Edison antwortete: »Junger Mann, Sie stehen noch am Anfang Ihres Lebens, also lassen Sie mich Ihnen etwas sagen ... und bitte vergessen Sie es niemals. Ich bin nicht zehntausend Mal gescheitert. Ich habe erfolgreich zehntausend Möglichkeiten gefunden, wie es nicht funktioniert.«

Entscheidend ist die unterschiedliche Einstellung.

Als Jerry West, einer der größten Basketballspieler aller Zeiten in der NBA, noch jung war, war er so schlecht, dass die Kinder auf dem Spielplatz ihn nicht einmal mitspielen ließen. Wenn er beim Sportunterricht in der Turnhalle war, konnte er nicht mit den anderen Jungs mithalten und wenn alle gegangen waren und das Licht ausgemacht hatten, blieb Jerry noch und warf in der schummrigen Turnhalle auf den Korb. Er hatte keinen Zugang zu den Lichtschaltern, also verbrachte er Stunde um Stunde und konnte kaum den Umriss des Korbs sehen. Schließlich entwickelte er ein Gespür dafür, den Korb in nahezu völliger Dunkelheit zu treffen. Das ist der Grund, wieso er zu einem der erfolgreichsten Shooting Guards in der Geschichte der NBA wurde. Es erfordert eine Menge Anstrengung, um die eigenen Ziele zu erreichen.

Mein Freund Joel Weldon erzählte eine Geschichte, die, wie ich glaube, einiges für sich hat. Die Chinesen pflanzen einen Samen, um einen Bambus zu ziehen. Sie wässern und düngen den Samen im ersten Jahr, aber nichts passiert. Im zweiten, dritten und vierten Jahr tun sie das Gleiche – sie wässern und düngen ihn, aber nichts passiert. Im fünften Jahr wässern und düngen sie den Samen erneut und irgendwann im Verlauf des fünften Jahrs, in einem Zeitraum von etwa sechs Wochen, wächst der chinesische Bambus etwa 30 Meter. Die Frage ist – ist er in sechs Wochen 30 Meter gewachsen oder in fünf Jahren? Die Antwort ist offensichtlich. Wäre er nicht in jedem Jahr gewässert und gedüngt worden, hätte es keinen chinesischen Bambus gegeben.

> **Ein Fehlschlag ist die letzte Widerstandslinie – der Erfolg tritt ein, wenn eine Chance auf Vorbereitung trifft.**

Häufig arbeiten und arbeiten und arbeiten wir und nichts passiert. Wir arbeiten erneut und immer noch passiert nichts – und dann unternehmen wir eine letzte Anstrengung und haben Erfolg. Sie haben es vermutlich schon mal gesehen, wenn jemand plötzlich über Nacht Erfolg hat. Sie haben es vielleicht in irgendeinem Bereich Ihres Lebens schon selbst erlebt. Aber was andere nicht sehen, sind all die Arbeit und die Mühen, die vorher geleistet wurden und die tatsächlich zum »Erfolg über Nacht« geführt haben. Ich habe einmal den Spruch gehört: *Ein Fehlschlag ist die letzte Widerstandslinie – der Erfolg tritt ein, wenn eine Chance auf Vorbereitung trifft*. Ich glaube, das stimmt.

Durchhaltevermögen und Entschlossenheit

Eine der faszinierendsten Geschichten, die ich je gehört habe, ist die Geschichte von Demosthenes. Sie kennen ihn vielleicht als den großen griechischen Redner, der rhetorische Höhen erreichte, wie vielleicht niemand nach ihm. Demosthenes hatte einen Sprachfehler und er war sehr schüchtern und unbeholfen. Aber er hatte den unbedingten Willen und die Entschlossenheit, ein großer Redner zu werden. Zudem hatte er das Problem, dass sein Vater, ein reicher Fabrikant, früh gestorben war und deshalb sein Vermögen unter Vormundschaft stand – und schlecht verwaltet wurde.

Demosthenes ging ans Meer, legte Kiesel in seinen Mund, und stand Stunden und Tage am Ufer und übte gezielt seine Stimme, um

Wellen und Wind zu übertönen. Mit der Zeit wurde er auf der ganzen antiken Welt berühmt für seine rednerischen Fertigkeiten, weil er ein ausgezeichneter Schüler war und besonders hart arbeitete. Und im Alter von zwanzig Jahren verklagte er einen der Verwalter seines Vermögens wegen Untreue und gewann den Prozess. Die Geschichte hat den Namen des Mannes, der Demosthenes' Vermögen stahl, nicht überliefert, aber an Demosthenes erinnerte man sich mit Wohlwollen für Jahrhunderte.

Der US-Präsident Calvin Coolidge hat es folgendermaßen ausgedrückt: »Nichts in der Welt kann Beharrlichkeit ersetzen. Talent kann es nicht; nichts ist häufiger als ein erfolgloser Mann mit Talent. Genie kann es nicht; Genie, das sich nicht auszahlt, ist schon fast sprichwörtlich. Bildung tut es nicht; die Welt ist voll von gebildeten Nichtskönnern. Ausdauer und Entschlossenheit alleine sind allmächtig.«

»Nichts auf der Welt kann Hartnäckigkeit ersetzen.«

Vince Lombardi, das legendäre Trainergenie im American Football und der einzige Mann, der drei Teams trainierte, die alle nacheinander Meister wurden, sagte: »Ich habe noch nie einen Mann getroffen, der sein Geld wert war und nicht auf lange Sicht, tief in seinem Herzen, das Ackern und die Disziplin wertgeschätzt hätte.« In jedem guten Menschen scheint etwas zu stecken, das sich nach Disziplin sehnt und diese benötigt.

Der weltberühmte Cellospieler Pablo Casals hat, lange nachdem er internationale Anerkennung als Künstler erlangte, immer noch sechs Stunden am Tag geübt. Jemand fragte ihn, wieso er sich anhaltend so sehr anstrenge. Seine Antwort war einfach: »Ich glaube, ich mache Fortschritte.«

Die Chance auf wahre Größe klopft nicht einfach an die Tür – es steckt in jedem von uns. Wir müssen aber arbeiten, um es herauszubekommen. Oft wird uns geraten, das »Eisen zu schmieden, solange es heiß ist«, was als Ratschlag einiges für sich hat. Ein besserer Ratschlag wäre es jedoch, das Eisen zu erhitzen, indem man es schmiedet. Ja, Ausdauer macht sich bezahlt. Das Leben ist hart. Nicht, wo man startet, sondern wo man ankommt, ist das Entscheidende.

Harry Conn hat in seinem wunderbaren Buch, *The Four Trojan Horses of Humanism* über ein anderes Buch mit dem Titel *Who's Who of America* geschrieben. Das ist etwas anderes als *Who's Who in America*, das nur ein Verzeichnis von Führungspersonen und Leistungsträgern ist. In diesem Buch wird erörtert, dass man 25.000 Arbeiterfamilien braucht, um eine Person hervorzubringen, die zu einem Mitglied von *Who's Who in America* werden kann. Man braucht 5.000 Anwälte, um einen darunter zu haben, der zum *Who's Who* gehört. Unter 2.500 Zahnärzten wird es einen geben, der in das *Who's Who* aufsteigt.

Aber man braucht nur sieben christliche Missionarsfamilien, um ein Mitglied des *Who's Who* hervorzubringen. Ich fragte mich, wieso. Während ich über diese Statistik nachdachte, wurde mir klar, dass der Hauptgrund aus fünf Faktoren besteht:

1. Von all den Menschen auf dem Angesicht der Erde müssen Missionare den stärksten Glauben haben.
2. Sie müssen am härtesten kämpfen und unter den schwierigsten Umständen.
3. Sie müssen lernen, wie man mit fremden Menschen in einem fremden Land zurechtkommt, was Einfallsreichtum fördert.

4. Sie müssen in der Lage sein, anzupacken, zu improvisieren und Opfer zu bringen.
5. Sie müssen lernen, wie man mit Frustration, Kummer, Enttäuschung, Niederlagen und Rückschlägen umgeht.

> ☑ **Das Leben ist hart. Nicht, wo man startet, sondern wo man ankommt, ist das Entscheidende.**

Wenn man all diese Faktoren zusammennimmt, ist das Resultat erstaunlich.

Nein, es ist nicht einfach, seine Ziele zu erreichen. Ich habe nicht einmal angedeutet, dass es einfach sein könnte, denn das ist es nicht. Aber der Lohn ist gewaltig.

Eine alte verchromte Pumpe

Ich glaube ehrlich, wenn nicht viel hängenblieb von dem, was Sie bis jetzt gelesen haben, wird sich die Zeit doch gelohnt haben, wenn Sie nur die Botschaft der folgenden Geschichte über eine Pumpe beherzigen.

Ein guter Freund von mir, Bernard Haygood, und sein Schwager Jimmy Glen, waren an einem unerträglich heißen Augusttag draußen in den Hügeln von Südalabama und sie hatten Durst. Bernard hielt mit dem Wagen hinter einem alten verlassenen Farmhaus und sie sahen eine alte Pumpe. Sie sprangen aus dem Wagen und rannten zur Pumpe. Bernard begann den Hebel zu betätigen.

Nach ein paar Minuten sagte er: »Jimmy, hol mal den alten Eimer da drüben und ein bisschen Wasser aus dem Bach. Wir müssen die Pumpe erst etwas anfüttern, bevor da Wasser rauskommt.«

Sie schütteten etwas Wasser in die Pumpe, aber es kam nichts heraus. Nach ein paar weiteren Minuten sagte Bernard: »Weißt du, Jimmy, ich glaube, da ist kein Wasser da unten.« Jimmy meinte: »Ich glaube, doch. Weißt du, in Südalabama sind die Brunnen tief. Und das ist gut so, denn je tiefer der Brunnen, desto kühler, sauberer, süßer, reiner und besser schmeckend ist das Wasser.«

»… je tiefer der Brunnen, desto kühler, sauberer, süßer, reiner und besser schmeckend ist das Wasser.«

So ist es mehr oder weniger auch im Leben, oder nicht? Stimmt es nicht, dass die Dinge, für die wir am härtesten arbeiten müssen, diejenigen mit dem höchsten Wert sind? Stimmt es nicht, dass die Beförderung, für die wir uns besonders anstrengen müssen, uns am meisten bedeutet? Stimmt es nicht, dass das Fach, bei dem wir uns am meisten Mühe geben mussten, um es zu erlernen, uns die meiste Freude macht, wenn wir es beherrschen? Ist es denn nicht wahr, dass das Mädchen oder der Junge, deren Aufmerksamkeit wir am schwersten erregen können, uns am meisten begeistert?

Zurück zu unserer Geschichte – Bernard pumpte und pumpte und fragte sich, wie viel mehr er sich noch abmühen musste, um einen Schluck Wasser zu bekommen. Schließlich warf Bernard die Hände Richtung Himmel und sagte: »Jimmy, ich glaube einfach nicht, dass da unten Wasser ist.« Jimmy sagte: »Hör nicht auf! Wenn du aufhörst, fließt das Wasser wieder ganz nach unten und wir müssen von vorn anfangen.«

In dieser Geschichte stecken schon bis zu diesem Punkt eine Menge guter Lektionen. Zuerst einmal muss man, wenn man Wasser herausbekommen will, etwas hineinstecken – man muss die Pumpe anfüttern. Viele Menschen stehen vor dem Holzofen des Lebens und sagen: »Lieber Ofen, spende mir Wärme und dann stecke ich ein wenig Holz in dich.« Häufig kommt ein Angestellter zu seinem Arbeitgeber und sagt: »Geben Sie mir eine Gehaltserhöhung, dann komme ich ab jetzt pünktlich zur Arbeit.« Oft sagt ein Student: »Professor, ich weiß, ich habe dieses Semester nicht gelernt und ich weiß, dass ich keine guten Leistungen gebracht habe, aber wenn ich eine schlechte Note nach Hause bringe, wird meine Mom wirklich enttäuscht sein. Geben Sie mir doch dieses Mal eine gute Note. Und wenn Sie es tun, verspreche ich, dass ich nächstes Semester den Stoff lesen und lernen werde.«

Tatsächlich sagen sie damit: Belohne mich und dann bringe ich Leistung. Aber so funktioniert das nicht. Wenn es so wäre, können Sie sich vorstellen, dass ein Farmer sagen würde: »Herr, du weißt, dass ich dieses Jahr nichts gepflanzt habe, aber wenn du mir eine gute Ernte gibst, werde ich nächstes Jahr mehr anpflanzen als alle anderen.«

So funktioniert das Leben nicht. Sie müssen erst etwas hineinstecken, bevor Sie damit rechnen können, etwas wieder herauszubekommen – und dann müssen Sie eine ganze Menge pumpen. Und, wenn Sie jemals damit aufhören, ist all der Aufwand umsonst.

Jimmy schnappte sich den Hebel dieser alten Pumpe und er pumpte und pumpte. Er arbeitete hart an dieser Pumpe und gab sein Bestes. Sobald dann das Wasser zu fließen begann, musste er nur noch einen gleichmäßigen Druck aufrechterhalten und sie hatten schließlich mehr Wasser, als sie überhaupt brauchten.

Ist Ihnen schon einmal aufgefallen – wenn die Dinge gut stehen, werden sie noch besser? Und wenn sie schlecht stehen, wird es noch schlimmer. Das hat nichts damit zu tun, was da draußen vor sich geht. Es hat stattdessen nur damit zu tun, was zwischen Ihren Ohren geschieht.

> ☑ **Sie müssen erst etwas hineinstecken, bevor Sie damit rechnen können, etwas wieder herauszubekommen.**

Das grundlegende Problem der meisten Menschen ist folgendes – wenn sie an einem neuen Projekt beteiligt sind, sagen sie: »Nun, ich werde meine Aufmerksamkeit eine Weile diesem Projekt widmen und wenn es funktioniert, ist es gut, und wenn es nicht funktioniert auch. Wer nichts wagt, der nichts gewinnt.« Mit dieser Einstellung wird nichts passieren.

Aber wenn Sie das erste Mal an etwas beteiligt sind und sich wirklich einsetzen – Sie pumpen und pumpen und pumpen –, dann werden Sie Fortschritte machen. Und wenn Sie erstmal im Flow sind, dann müssen Sie einfach nur ordentlichen, stetigen Druck aufrechterhalten und Sie werden Ergebnisse erzielen.

> ☑ **»Was Sie außerhalb des Jobs machen, spielt eine bedeutende Rolle dabei, wie weit Sie im Beruf kommen.«**

Wissen Sie, was ich an diesen lebensnahen Prinzipien mag, die beschreiben, wie man seine Ziele erreicht? Ich mag, dass keines davon mit Ihrem Alter oder Ihrem Bildungsstand zu tun hat oder damit, ob Sie schwarz oder weiß sind, alt oder jung, männlich oder weiblich, extrovertiert oder introvertiert, gebildet oder ungebildet.

Diese Prinzipien bieten einfach Wege, wie man als freier Mensch Erfolg haben kann. Es ist unser gottgegebenes Recht, zu arbeiten – so lange und so hart zu arbeiten, wie wir wollen, und so enthusiastisch, wie wir wollen, um unsere Ziele im Leben zu erreichen. Ich glaube, darum geht es im Leben. Seien Sie hartnäckig, fest entschlossen und arbeiten Sie weiter – wenn Sie das tun, werden Sie Ihre Ziele erreichen.

Das Ziel ins Auge fassen

Welchen Unterschied würde es machen, wenn Sie morgen mit einer positiven Einstellung und gut gelaunt in die Arbeit gingen? Würden Ihre Kollegen es bemerken? Ihr Boss? Die Menschen in der Cafeteria? Die Putztruppe? Der Hausmeister? Irgendjemand, den Sie im Lauf des Tages sehen? Stellen Sie sich deren Reaktionen vor und nehmen Sie sich vor, morgen den Tag mit einem Lächeln für alle, denen Sie begegnen, zu beginnen – in der Arbeit und zu Hause. Die Chancen stehen gut, dass die anderen das Lächeln jedes Mal erwidern werden.

»Was Sie außerhalb des Jobs machen, spielt eine bedeutende Rolle dabei, wie weit Sie im Beruf kommen.« Welcher Aktivität oder welchen Aktivitäten gehen Sie nach, wenn Sie nicht in der Arbeit sind? Spiegelt es das wider, wonach Sie im Leben verlangen, Ihre Ziele, Ihre Talente, Ihre besten Qualitäten? Wenn Sie keine Aktivitäten außerhalb der Arbeit haben, stellen Sie eine Liste von Dingen zusammen, die Sie gerne verbessern würden, abrunden, oder in Ihrem Leben ausbalancieren. Unternehmen Sie Schritte, um eine oder zwei dieser Aktivitäten in Ihr Leben zu integrieren.

Es stimmt, dass das, wofür Sie am härtesten arbeiten, auch den größten Wert für Sie in Ihrem Leben haben wird. Denken Sie an Ihre letzte Leistung – etwas, nach dem Sie strebten und das Sie schließlich erreichten. Hat diese Erinnerung ein Lächeln auf Ihr Gesicht gezaubert? Denken Sie nun an all die guten Gefühle, die Sie empfinden werden, wenn Sie all das, was Sie in diesem Buch gelernt haben, anwenden werden, und Ihren Lebenszweck verwirklichen, weil Sie Ihre Ziele im Leben erreichen. Sie haben eine tolle Zeit vor sich!

MEINE ZIELE

☑ ____________________

☑ ____________________

☑ ____________________

☑ ____________________

☑ ____________________

☑ ____________________

☑ ____________________

☑ ____________________

☑ ____________________

☑ ____________________

☑ ____________________

☑ ____________________

☑ ____________________

☑ ____________________

ÜBER DEN AUTOR

Zig Ziglar (1926 bis 2012) war einer der einflussreichsten und beliebtesten Motivatoren Amerikas und glaubte, dass jeder mehr sein, tun und erreichen konnte. Er war Motivationsredner, Lehrer und Ausbilder, der ausgiebig reiste und seine Botschaft voller Humor, Hoffnung und Ermutigung verbreitete. Seine Anziehungskraft überstieg Alter, Kultur und Beruf. Von 1970 bis 2010 reiste Zig mehr als acht Millionen Kilometer um die Welt, verbreitete wirkungsvolle Botschaften der Selbstverbesserung und kultivierte die Energie der Veränderung.

Zig Ziglar schrieb mehr als 30 beliebte Bücher über persönliches Wachstum, Leadership, Verkaufskunst, Glauben, Familie und Erfolg. Er war mit ganzer Seele ein Familienmensch, begeisterter Patriot und aktives Kirchenmitglied. Sein einzigartiger Redestil und wirkungsvolle Präsentation brachte ihm viele Ehren ein und heute wird er immer noch als einer der vielseitigsten Autoren über die Wissenschaft des menschlichen Potenzials betrachtet.